KB120183

신약 강해시리즈 (2)

주님이 자랑하시는 교회

데살로니가후서

Thessalonica

주님이 자랑하시는 교회
데살로니가후서

이중수 글
처음 찍은날 · 2017년 10월 25일
처음 펴낸날 · 2017년 10월 27일
펴낸이 · 오명진
펴낸곳 · 양들의식탁
출판등록 · 제2015−00018호
주소 · 서울 서초구 강남대로 455, B710호(서초동 강남태영데시앙루브)
전화 · (02)939−5757
보급 · 비전북 전화 (031)907−3927 팩스 080−907−9193
이메일 · jsleemar22@gmail.com(이중수), boseokdugae@hanmail.net(오명진)
페이스북 · 밝은교회−양들의 식탁

ISBN 979−11−960446−8−8 04230
ISBN 979−11−960446−3−3 04230 (세트)

이 도서의 국립중앙도서관 출판예정도서목록(CIP)은 서지정보유통지원시스템 홈페이지(http://seoji.nl.go.kr)와
국가자료공동목록시스템(http://www.nl.go.kr/kolisnet)에서 이용하실 수 있습니다.(CIP제어번호: CIP2017026931)

신약 강해시리즈 (2)

주님이 자랑하시는 교회

데살로니가후서

Thessalonica

양들의식탁

차례

1장   교회가 거쳐 가는 길   7

2장   은혜는 기독교의 특징입니다 (1:1)   21

3장   나는 은혜의 기념탑입니다 (1:2)   38

4장   자라가는 교회의 모습 (1:2–4)   62

5장   너희를 자랑하노라 (1:4–9)   83

6장   놀라운 미래 (1:6–9)   100

7장   그 날의 영광 (1:10–12)   120

8장   불법의 사람과 재림 (2:1–5)   136

9장   불법의 사람은 누구인가? (2:6–12)   155

10장 구원받은 자들의 안전 (2:13–17)   176

11장 바울의 기도 부탁 (3:1–5)   198

12장 무책임한 교인들 (3:6–18)   219

교회가 거쳐 가는 길

Thessalonica 데살로니가

데살로니가전서는 AD 50-51년 사이에 쓰였고 데살로니가후서는 그 후 얼마 되지 않는 비교적 짧은 기간 내에 작성되었습니다. 그래서 본 서신들은 초대 교회 때 복음이 어떤 내용으로 전파되었고 또 어떤 반응을 보였는지를 엿볼 수 있는 매우 좋은 자료입니다. 특히 데살로니가 교회가 복음을 받고 초기 단계에서 어떻게 성장했는지를 생생하게 알 수 있으므로 참고할 것이 많습니다.

본 서신의 목적과 내용

신약 서신들은 대부분 지역교회의 특수한 문제들을 다루었습니다. 데살로니가 교회의 문제는 세 가지로 나눌 수 있습니다.

첫째, 환난이었습니다.

바울은 데살로니가전서에서 박해자들에 대해서 언급했습니다(참조. 살전 1:6; 2:14; 3:3). 이들은 바울이 전한 복음을 싫어하여 그가 개척한 데살로니가 교회를 힘들게 하였습니다. 그런데 바울은 그 이후에 박해가 더 악화하였다는 소식을 받았습니다. 아마 데살로니가 교회는 바울에게 자기들이 계속해서 받는 환난에 대해서 매우 난감해하며 바울의 설명을 듣기를 원했을 것입니다. 그래서 바울은 복음을 믿는 교인들에게 왜 고난이 오는지를 해명해야 했습니다. 그리고 하나님께서 공의의 심판을 하실 날이 올 것을 알려 줌으로써 환난 가운데 있는 교인들을 격려하려고 했습니다(1:4-5).

우리는 바울의 이러한 대답에서 매우 중요한 교훈을 받아야 합니다. 바울은 성도들이 박해를 받는다니까 당장 하나님께서 악인들을 심판하실 것이라고 말하지 않았습니다. 혹은 막연하게 하나님께서 알아서 잘 해결해 주실 것이라고 위로하지 않았습니다. 우리는 당하는 입장이 되면, 하나님께서 무슨 일이든지 즉결로 처리해 주시기를 원합니다. 초대 교회의 박해는 폭행과 투옥을 비롯하여 생업과 생명까지도 잃을 수 있는 무서운 환난이었습니다. 바울 자신도 데살로니가에서 생명의 위험을 느끼고 다른 지역으로 피신했습니다.

이런 위험한 상황을 잘 아는 바울이었지만, 그는 데살로니가 교인들에게 환난을 철야나 금식 기도로 극복하라든지 혹은 모두 순교하라고 말하지 않았습니다. 그는 그들이 초신자들이었음에도 장기적이고 종말론적인 시야로 하나님의 공의의 심판을 인내하며 기다려야 한다고 가르쳤습니다.

이것은 우리가 초신자들에게 주는 교육의 내용과 방법을 반성해 보게 합니다. 우리는 초신자들에게 될 수 있는 대로 좋은 이야기만 하려고 합니다. 하기야 초신자가 아닌 오래된 교인들에게도 부정적인 이야기를 피하고 듣기 좋은 말만 하려는 경향이 있습니다. 물론 다 그런 것은 아니지만, 대체로 인기 목사들의 가르침에 의하면 예수를 자기들이 가르치는 대로 믿으면 고난이 사라지고 일이 잘 풀린다는 것입니다. 또 그들이 가르치는 방식대로 하면 부자가 되고 자녀들이 다 잘 되며 암에 걸리지 않고 건강하게 잘 살 수 있다고 주장합니다. 소위 '긍정의 힘'이니 '적극적인 신앙'이니 하는 것들은 모두 현세에서 잘 먹고 잘사는 방법을 하나님의 이름을 걸고 선포하여 많은 사람을 현혹합니다. 그런데 바울은 그렇게 가르치지 않았습니다.

물론 복음을 믿는다고 해서 모든 것이 고난이고 일이 전혀 풀리지 않는 것은 아닙니다. 그러나 복음은 바알 종교가 아니라는 것을 확실히 알고 예수를 믿어야 합니다. 예수님은 바알 신이 아닙니다. 예수님이 가신 발자취를 따라가려면 고난은 어떤 형태로든 온다는 사실을 각오해야 합니다. "무릇 그리스도 예수 안에서 경건하게 살고자 하는 자는 박해를 받으리라"(딤후 3:12)고 하였습니다.

그럼 왜 하나님께서는 십자가 복음이 사랑의 복음이라고 하고서 신자들이 불의와 고통을 당할 때　즉시 구해 주시지 않을까요? 하나님께서는 자기 자녀들을 돌보신다고 약속하셨습니다. 그러나 반드시 당면한 고난을 내가 원하는 대로 금방금방 해결해 주신다는 약속은 하시지 않았습니다. 하나님께서는 고난을 받도록 허락도 하시고, 하나님의 때에 구출하기도 하십니다(딤후 3:11).

　그런데 주 예수를 따르는 신자들에게는 받아야 할 고난이 있음을 기억해야 합니다. 바울은 디모데에게 "나와 함께 고난을 받으라"(딤후2:3)고 하였습니다. 하나님께서는 재림하신 후에 모든 불의를 철저하게 심판하실 것입니다. 그때 신자들이 받은 일체의 환난과 불의를 다 갚아주신다고 약속하셨습니다.

　바울은 데살로니가 교인들에게 성도가 받는 고난의 현실을 피하지 말고 인내와 믿음으로 잘 견디도록 격려하였습니다. 그러니까 바울은 초신자들에게 솔직하게 복음 생활이 지닌 고통의 측면을 부인하지 않고, 그 대신 어떤 소망을 하고 살아야 하는지를 가르쳤습니다. 데살로니가 교인들은 이러한 바울의 가르침을 잘 수용하였으므로 특별 금식 기도나 유별난 부흥회가 필요하지 않았습니다. 우리는 기도도 하고 금식도 할 수 있습니다. 그러나 그것이 신자가 당연히 거쳐야 할 고난을 피하기 위한 목적이라면 재고해야 합니다. 바울은 복음 때문에 고난을 받는 데살로니가 교회에 믿음과 사랑의 삶을 살며 주 예수의 재림을 기다리라고 하였습니다. 데살로니가 교인들은 이러한 바울의 가르침을 붙잡고 어려움을 극복하였습니다.

우리는 어려움을 당할 때 즉각 해결을 고집하지 말아야 합니다. 아이들의 특징은 참지 못하는 것입니다. 아이들은 원하는 것을 부모가 당장 주기를 기대합니다. 우리는 어린아이와 같은 미성숙을 보일 때가 많습니다. 처음 믿을 때부터 제대로 가르침을 받지 못하고 훈련이 안 되어 있기 때문입니다. '그저 기도하면 다 들어 주십니다. 죽자 살자 하나님께 매달리면 다 해결해 주십니다'라는 식의 가르침이라면 신자들은 어려움을 당할 때 인내한다든지 하나님의 선한 뜻을 살펴본다든지 혹은 장기적인 안목으로 문제를 볼 수 있는 여유나 능력을 발휘할 수 없습니다. 그래서 대부분 신자들이 어려움을 당할 때 당장 벗어나게 해 달라고 몸부림치며 눈물로 호소합니다. 무조건 기도하고 무조건 매달리는 식이면 성도들의 삶은 더욱 어려워질 수밖에 없습니다. 그런 식의 신앙생활은 그리스도 안에서 승리하고 안식하는 것이 무엇이며, 고난 속에서 주님을 사랑하고 믿음을 지키는 것이 무엇인지를 전혀 깨닫지 못하게 합니다. 그래서 자라지 못하고 항상 연약한 상태에 머물게 됩니다.

'당장 해결될 것을 믿습니다'라는 자기 확신보다 '현재는 고난을 받아도 언젠가 온전한 하나님의 공의가 드러날 것을 믿습니다'라고 해야 더 좋고 성숙한 믿음입니다. 내가 당하는 일에서 하나님의 공의가 온전히 드러날 것이라는 사실을 믿고 힘을 낼 수 있어야 온전한 믿음입니다. 우리의 초점은 나의 환난 제거나 원수들에 대한 즉결 심판이 아니고 하나님의 주권적 공의의 집행에 쏠려야 합니다.

바울은 데살로니가 교인들이 복음 때문에 박해를 받으면서도 '인내와 믿음'을 보였으므로 그들을 자랑한다고 칭찬하였습니다 (1:4). 이처럼 우리에게도 주님께서 우리의 인내와 믿음을 보시고 칭찬하시며 자랑으로 삼으시는 것이 있어야 하겠습니다.

그런데 우리가 던져 보아야 할 질문이 있습니다. 과연 복음을 위해서 고난받는 것이 우리에게 얼마나 있습니까? 우리가 받는 고난의 대부분은 나의 잘못 때문은 아닐까요? 만약 복음을 믿고 주님의 가르침대로 살려고 하므로 받는 고난이라면, 우리는 주님의 위로를 받고 큰 소망 속에서 내일을 바라볼 수 있습니다. 바울은 데살로니가 교회가 겪는 환난에 대해서 주님이 영광으로 갚아 주신다고 하였습니다. 그냥 말로만 막연하게 하나님께서 다 알아서 잘되게 하실 것이니 믿으라고 하지 않았습니다. 그는 종말론에 대한 거창한 가르침을 전해 주면서 용기를 내게 하였습니다. 이것이 우리가 본받아야 할 점입니다.

초신자들도 처음부터 기독교의 역사관을 배워야 합니다. 성경은 온 세상이 하나님에 의해서 창조되었고 하나님의 계획으로 새로운 시작이 될 대종말을 향해 움직이고 있다고 가르칩니다. 이 세상은 예수님의 초림을 기점으로 새로운 시대로 들어갔습니다. 복음이 온 세상으로 전파되고 이방인들이 아브라함의 자손으로 영입되는 중입니다. 어둠의 세력에게 붙잡혔던 죄인들이 구원의 큰 빛으로 들어와서 그리스도께서 다스리시는 하나님 나라의 능력을 체험하고 있습니다.

그럼 결국은 이 세상이 어떻게 되는 것일까요? 하나님이 정하신 때에 만왕의 왕이신 예수 그리스도께서 이 땅에 다시 오십니다. 그때 부패한 인간의 역사는 종식되고, 죽었던 자들이 모두 부활하여 각자 하나님의 심판대 앞에 서게 될 것입니다. 악인들은 지옥의 형벌을 받고, 복음을 믿는 성도들은 새 하늘과 새 땅으로 변화된 신천신지에서 주님과 함께 영생할 것입니다. 바울은 박해를 받는 데살로니가 교인들에게 이러한 기독교 역사관의 계획된 이벤트들을 가리키며 방해와 유혹 속에서 흔들리지 말고 소망을 품고 살도록 격려하였습니다.

우리 생각은 어떻습니까? 가족을 잡아가고 직장에서 내쫓기는 상황이라면, 그런 메시지가 위로가 될 것 같습니까? 그런데 이런 가르침을 받아들이는 것이 믿음입니다. '주님께서 나의 가난과 질병과 실패를 다 거두어 가시고 모든 환난을 다 없애 주실 것을 믿습니다'라고 소리치는 것이 좋은 믿음이 아닙니다. 오히려 하나님께서 내가 그리스도의 이름으로 당하는 고난을 견딜 힘을 공급하실 것을 기대하며 마지막 결산 때 주의 영광이 온 천하에 드러날 것을 소망한다고 고백해야 복음 신앙입니다. 데살로니가 교회는 개척 교회였어도 이런 믿음이 있었습니다. 우리에게 얼마나 큰 도전이 됩니까?

새 신자들에게 처음부터 기독교의 가치관과 역사관을 심어주는 것은 매우 중요한 일입니다. 복음으로 고난을 겪는 일은 귀한 체험입니다. 베드로의 말을 들어 보십시오.

"너희가 그리스도의 이름으로 치욕을 당하면 복 있는 자로다 영광의 영 곧 하나님의 영이 너희 위에 계심이라"
(벧전 4:14).

우리는 복음을 위한 고난을 제거하려는 시도를 피해야 합니다. 그런 처지에 있는 하나님의 자녀들에게 기도만 하면 다 잘 될 것이라는 식의 값싸고 근거 없는 처방을 내리지 말아야 합니다. 복음이 가르치고 약속하는 소망을 붙들어야 합니다.

둘째, 그릇된 가르침입니다.
바울은 데살로니가 교회에서 주님의 재림에 관해서 가르쳤습니다. 그런데 교인들 가운데 재림 교리를 오해하는 자들이 있었습니다. 거짓 교사들이 바울의 이름을 팔면서 왜곡된 재림 교리를 유포하여 상황을 더 악화시켰습니다(살후 2:2, 참조. 3:17). 이들의 가르침에 의하면 주의 날이 이미 도착했다는 것이었습니다. 그래서 바울은 '불법의 사람'이 나타나기 전에는 주의 재림이 없을 것이라고 해명할 필요가 있었습니다(2:3).

그럼 주의 날이 이미 도착했다고 주장하는 거짓 교사들의 의도는 무엇이었을까요? 한 마디로 재림 소망을 가질 필요가 없다는 것이었습니다. 이미 주께서 재림하셨으므로 환난과 박해를 참을 필요도 없고 재림을 기다릴 이유가 없다는 것입니다. 그들은 바울의 재림 교리를 뒤엎으려고 했습니다. 그래서 바울은 데살로니가 교인들에게 자신이 준 가르침에 굳게 서 있어야 한다고 강조하였습니다(2:15).

우리는 여기서 몇 가지 교훈을 받을 수 있습니다. 우선 복음의 진리가 전파되는 곳에는 방해 세력이 있다는 사실입니다. 우리는 사탄의 존재를 믿으면서도 경계하지 않는 습성이 있습니다. 우리는 사탄이 예수님을 맹렬히 공격하고 간교한 방법으로 주님의 복음 사역을 방해한 사실을 잘 압니다. 또한, 사도들의 복음 사역에서도 적대 세력이 늘 따라다녔다는 것을 압니다. 그런데도 교회와 여러 말씀 사역의 현장에서 어둠의 세력이 활동하는 것을 잘 의식하지 못하고 경계하지 않는 경향이 있습니다.

한편, 우리는 사탄을 경계할 때 조심해야 할 점이 있습니다. 무엇이든지 부정적인 일이 생기면 사탄의 장난이라고 무분별하게 책임을 넘기지 말아야 합니다. 세상에서 일어나는 온갖 불행한 일들을 모두 사탄의 짓으로 돌릴 수 없습니다. 그렇게 되면 우리 인간들에게는 아무 책임이 없다는 말이 됩니다. 바울은 그런 식으로 가르치지 않았습니다. 바울의 강조점은 복음 진리와 관련해서 우리가 거짓을 분별하고 경계해야 한다는 것입니다. 사탄은 하나님의 일을 방해합니다. 그중에서 사탄이 가장 집중적으로 공격하는 것이 복음입니다. 사탄은 불신자들의 눈을 멀게 하여 복음을 깨닫지 못하게 하고(고후 3:4), 믿는 신자들에게는 복음의 진리를 왜곡시켜 오해와 혼란에 빠지도록 공작합니다.

바울은 이 같은 사탄의 수작에 넘어가지 말라고 경고하였습니다. 사실상 신약에서 사탄을 경계하라는 말은 대부분 복음을 오염시키려는 사탄의 집요한 활동을 가리킵니다. 사탄은 복음을 믿는 신자들과 교회를 노리고 있다가 조금이라도 틈이 생기면 양의 옷을 입고 나타납니다. 그래서 마귀의 유혹을 막으려면 복음의 진리를 확실하게 배워야 하고 이를 단단히 붙잡고 살아야 합니다.

많은 신자가 세상 코미디와 크게 다를 바 없는 유치한 재담 목사들을 설교 잘한다고 좋아하고, 무속적이고 미신에 가까운 이야기에 마음이 팔립니다. 물욕을 자극하거나 감상적인 심리 설교에 흠뻑 빠지는 이유가 무엇입니까? 복음을 처음부터 바르게 배우지 못했거나, 배웠다 해도 계속해서 구원의 진리를 터득하지 않기 때문입니다. 데살로니가 교회에서 일어난 거짓 교사들의 영향을 보면 정말 정신을 차려야 한다는 생각이 듭니다. 누가 그들에게 복음을 전하였습니까? 사도 바울과 그의 동역자들이었습니다. 그들에게 문제가 있었습니까? 전혀 없었습니다.

그런데 왜 데살로니가 교인들이 거짓된 재림 교리를 내걸고 들어오는 이단의 가르침에 쏠렸습니까? 한편으로는, 사탄이 복음 진리를 뒤흔들기 위해서 크게 방해했기 때문입니다. 다른 한편으로는, 처음에 배운 것을 잘 소화해서 자기 것으로 삼는 일에 충실하지 않았기 때문입니다. 바울은 이 양 편 문제를 다 경고하였습니다.

우리는 사탄이 다른 어떤 일보다도 복음의 진리를 굴절시키고 세속적 가르침에 눈을 돌리도록 현혹한다는 것을 기억해야 합니다. 성경에 깨어 있으라는 말씀이 얼마나 많습니까? 우리는 복음을 더 깨닫고 깨어 있도록 힘써야 합니다. 복음의 진리로 무장되지 않은 자들은 사탄의 독화살을 막지 못합니다.

그런데 우리가 자신들의 부족을 너무 자책하지 말아야 한다는 일종의 위로 아닌 위로가 있습니다. 그것은 사도 바울로부터 직접 가르침을 받았던 데살로니가 교인들 가운데서도 진리의 말씀을 처음부터 다 이해하지 못하고 오해할 수 있었다는 사실입니다. 우리는 모든 진리를 완전하게 다 알 수 없습니다. 더러는 그릇된 가르침을 진리인 줄 오해하기도 하고 혹은 분별력이 부족하여 항간에 난무하는 메시지들을 걸러낼 능력이 없습니다.

그러나 주님은 자기 백성을 계속해서 일깨우시고 인내하시면서 꾸준히 가르치십니다. 주님은 사도 바울을 통해서 더 많은 계시의 가르침으로 데살로니가 교회를 도우셨습니다. 우리도 주님의 도우심으로 복음을 새롭게 깨닫고 복음 진리를 귀히 여기면, 사탄의 함정을 피할 수 있습니다.

셋째, 태만한 자들이 있었습니다.

게으른 자들에 대한 언급은 데살로니가전서에서도 나왔습니다(살전 5:14). 본 서신에서는 그들에 대한 정체가 더 밝혀지고 훨씬 더 구체적인 지침이 나옵니다. 이들은 예수님의 재림 임박을 핑계로 일하지 않고 무질서하게 살면서 다른 성도들에게 폐를 끼쳤습니다. 바울은 이들에게 강한 어조로 견책하고 교회가 그들을 징계하게 하였습니다.

정리하면, 바울은 데살로니가 교회의 세 가지 문제를 처리하기 위해서 다음과 같은 목적으로 본 서신을 보냈습니다.

• 교인들이 인내와 믿음으로 박해를 잘 견디고 있음을 칭찬하였습니다. 그리고 마지막 날에 하나님께서 그들에게는 상을 주시고, 악인들에게는 의로운 보응을 하실 것이라고 격려하는 목적이 있었습니다(1장).

• 주의 날이 이미 도착했다는 거짓 교사들의 주장을 반박하고 교인들의 혼란을 막기 위해서 주님의 재림 이전에 일어날 이벤트들을 알려주려고 했습니다(2장)

• 말썽만 일으키는 게으른 신자들을 바로잡기 위한 교회의 징계 조치를 명령할 필요가 있었습니다(3장).

본 서신의 교훈

세상에 완전한 교회는 없습니다. 교회는 완전하신 주님께서 시작하셨지만, 교회의 구성원인 우리는 현재 완전을 향해 나아가는 중입니다. 아무리 훌륭한 목회자가 교회를 해도 불완전합니다. 그러나 교회가 완전하신 주님의 가르침과 성령의 인도를 잘 따르면, 점차 온전한 모습으로 닦여지고 성장합니다. 그렇게 되려면 지도자들의 각별한 헌신이 필요합니다. 데살로니가 교회도 완전한 교회가 아니었습니다. 그래서 재림 교리에 대한 오해가 있었고 그중에는 아무 일도 하지 않고 일만 만드는 게으른 교인들도 있었습니다. 그런데도 바울과 그의 동역자들은 데살로니가 교회의 재림 교리 문제로부터 믿음 생활의 자세 문제에 이르기까지 깊은 관심을 보이면서 도왔습니다.

우리가 주목할 것은 데살로니가 교회는 개척 교회였으므로 여러 가지 다른 문제들이 많이 있었을 텐데도 그런 것들을 시급한 문제로 내세우지 않았다는 점입니다. 우리는 교회를 하면 재정문제부터 걱정하고 주일학교 교사 확보나 장소 및 교인 수 늘리기에 관심을 집중합니다. 그러나 데살로니가 교회를 위해서 사도 바울이 염려한 것은 복음의 진리가 왜곡되고 거짓된 사상이 침투하여 교인들이 정로(正路)에서 벗어나는 일이었습니다. 바울은 또한 재림 교리를 바르게 적용하지 않고, 자신의 태만을 정당화시키는 구실로 삼는 일을 바로잡으려고 힘썼습니다.

우리는 교회당이 확보되고 교인 수가 불어나며 헌금이 많이 나오면 교회가 자리를 잡았다고 말합니다. 그러나 바울은 그런 표준으로 교회의 기반을 가늠하지 않았습니다. 교회에서 가장 중시해야 할 것이 무엇입니까? 교인 수, 헌금, 교회당 건물, 주일학교 교사, 찬양대 반주자 등등일까요? 모두 중요하고 필요하다고 말할 수 있습니다. 그러나 그런 것들이 교회에 우선적인 가치나 표준이 될 수 없습니다. 가장 중요한 것은 복음의 진리가 바르게 강론되고 교인들이 진리의 말씀에 따라 사는 것입니다. 복음의 진리와 믿음 생활의 실천이 결여된 교회는 아무리 외적인 모양새가 갖추어졌어도 허약한 교회이며 하나님의 자랑이 될 수 없습니다. 우리가 만약 성경이 중시하는 것을 위해서 헌신하지 않으면 진정한 의미에서 아무것도 주님을 위해 이루는 것이 없고 자기중심적인 하나의 종교 집단으로 머물게 될 것입니다.

데살로니가 교회는 우리의 일반적인 교회 표준에서 보면 정말 보잘것없었지만, 그들은 2천 년이 지난 지금까지 온 세계 교회들의 빛나는 모범으로 건재합니다. 그들은 바울이 중시한 하나님의 복음 진리를 사활의 관건으로 삼고 무서운 박해를 견디며 주 예수의 재림을 가장 큰 위로와 소망으로 여기면서 믿음과 사랑 속에서 풍성한 구원의 삶을 누렸습니다.

2장
은혜는 기독교의 특징입니다
데살로니가후서 1:1

"하나님 우리 아버지와 주 예수 그리스도 안에 있는 데살
로니가인의 교회에 편지하노니" (살후 1:1).

바울은 예수 그리스도를 메시아로 믿기 때문에 박해를 받는 데
살로니가 교인들에게 서신을 보냈습니다. 이것은 단순한 문안 편
지가 아니고 복음의 진리로 시련을 겪는 신자들을 상담하며 격려해
주는 메시지입니다. 그런 의미에서 바울의 첫 마디는 박해를 당하
고 있는 데살로니가 교회에 자신들의 위치가 어디에 있는지를 상기
시켜 줌으로써 격려를 받게 하려는 뜻으로 볼 수 있습니다.

교회의 위치를 아는 것이 안전과 안식의 바탕입니다.

신자들은 서로 첫인사를 할 때 어느 교회 다니냐고 묻는 것이

상례입니다. 그러면 자신들이 소속된 교회 이름을 대고 장소를 알려줍니다. 거기서 조금 더 이야기를 나누게 되면 담임 목사님의 이름과 소속된 교파나 혹은 교인 수가 얼마나 되는지 등등의 질문으로 이어집니다. 그런데 아무도 자기는 "하나님 아버지와 주 예수 그리스도 안에 있는" 교회에 다닌다고 말하지 않습니다. 교회 이름이나 장소는 대지만 그 교회가 '성부와 성자 안에' 있는 교회라는 수식어는 붙이지 않습니다.

그러나 바울은 데살로니가 교회를 지칭하면서 '데살로니가'라는 지리적인 위치와 함께 영적인 위치를 밝혔습니다. 이것은 매우 중요합니다. 교회는 성부 안에 있으며 동시에 성자이신 예수 그리스도 안에 있는 신자들의 무리입니다. '하나님 아버지' 안에 있다는 것은 그리스도 안에서 택함을 받고 성부의 자녀가 되었다는 뜻이며, '주 예수 그리스도 안에' 있다는 것은 십자가의 대속으로 성자와 한 몸으로 연합되었다는 뜻입니다. 하나님 안에 있기에 아무도 해칠 수 없는 보호를 받습니다. 교회는 비록 이 세상에 존재하지만, 진정한 위치는 성부와 성자 안에 있는 신령한 존재입니다.

데살로니가 교회는 박해로 큰 시련을 겪고 있었습니다. 그들이 제일 먼저 기억해야 할 것이 있었다면 자신들의 영적 현주소였습니다. 그들은 세상의 박대를 받지만, 결코 천한 사람들이 아니고 하늘에 속한 고귀한 신분을 가진 자들이었습니다. 멸시를 받으면 자존심이 상합니다. 시련을 겪으면서 정신적 물질적 어려움을 당하면 기가 죽고 자신감이 떨어집니다. 그럴 때 신자들은 자신이 어디에 소속된 존재인지를 상기해야 합니다. 자신이 하나님의 사랑을 받고 그리스도의 대속적 희생으로 하나님께 속한 자라는 의식이 살아 있으면, 역경 속에서도 힘을 낼 수 있고 무너진 자존감을 회복할 수 있습니다.

예수님은 세상의 무시를 당하실 때마다 자신이 하나님의 보내심을 받은 자라는 사실을 자주 언급하셨습니다(요 5:24; 12:44; 13:20). 바울도 자신이 하나님의 부르심을 받고 그리스도에게 속한 자로서 복음을 전한다는 소속감과 소명감이 투철했기에 "만물의 찌꺼기"(고전 4:13) 같은 취급을 받고서도 오히려 당당하였습니다.

자신의 영적 소속감이 분명해야 신자로서의 존재 가치와 안전을 확신하게 됩니다. 우리는 하나님으로부터 생명력을 받고 모든 자원을 공급받는 영적 위치에 있다는 사실을 명지하고 이를 실제 생활에 적용해야 합니다. 이러한 확신은 우리의 신앙생활 곳곳에 긍정적인 영향을 줍니다.

예를 들어, 기도할 때 내가 주님께 속한 자녀이므로 하늘 부모님이 나의 모든 필요를 충당하실 것으로 믿고 간절히 구할 수 있습니다. 주님께서는 우리가 이런 확신으로 기도하는 것을 기뻐하십니다. 또한, 내가 주님의 피로써 구속되어 하나님 안에 들어간 자라면 마땅히 하나님의 계획과 뜻에 일치된 삶을 살아야 한다는 것을 자신에게 설득할 수 있습니다. 그리고 주님의 영역을 떠나서는 안전이 없다는 것을 알고 어떤 일이 있어도 주님의 생명선에서 떨어지지 않으려고 노력하게 됩니다.

그런데 나의 영적 소속에 대한 확신이 없으면 어떻게 되겠습니까? 환난을 겪을 때 하나님께서 과연 나를 보호하시고 사랑하시는지를 의심하게 됩니다. 그리고 하나님의 자녀 됨을 자신의 영적 소속에 대한 확신에 두기보다 행위에 의존된 저울질을 하게 되므로 지속적인 심령의 평안과 안식을 누릴 수 없습니다. 바울은 데살로니가 교회가 박해와 가난 속에서 살았지만(고후 8:1-5) 그들이 "하나님 우리 아버지와 주 예수 그리스도 안에"(살후 1:1) 있음을 강조하였습니다. 사실상 데살로니가 교회가 시련을 극복하고 강건한 교회로 자랄 수 있었던 것은 바울이 지적한 그들의 영적 소속에 대한 확신 때문이었다고 해도 과언이 아닙니다.

우리는 주 예수 그리스도를 믿는 순간 하늘 아버지와 주 예수님에게 속한 자녀들이 됩니다. 우리는 주님의 교회와 주님의 지체입니다. 우리의 머리는 주님이시고 우리의 생명은 하나님에게서 나옵니다. 우리는 세상의 어떤 세력도 건드릴 수 없는 성부와 성자의 보호를 받습니다. 그러므로 우리는 주님께 소속된 자들로서의 긍지를 지니고 살면, 여러 시련을 초극하고 담대하게 세상을 이길 수 있습니다.

하나님의 자녀들에게 항상 필요한 것은 은혜와 평강입니다.

바울의 모든 서신에는 "은혜와 평강"(1:2)을 기원하는 축도가 나옵니다. 이것은 그냥 하는 형식적인 인사말이 아니고, 신학적인 근거와 실제적인 필요에서 준 필수적인 기원입니다. 우리 자신에게 늘 있어야 할 것이 무엇이냐고 묻는다면 어떻게 대답하시겠습니까? 어쩌면 '은혜와 평강'을 제외한 여러 가지 것들일지 모릅니다. 데살로니가 교회는 극심한 가난과 박해를 받고 있었습니다. 그들에게는 돈이 필요했고, 투옥된 교우들이 보호를 받아야 했으며, 복음 때문에 직업을 잃은 자들의 생계 문제를 해결해야 했습니다. 자녀 교육과 가족의 건강 문제 등이 겹치는 여러 가지 어려운 사정들도 있었을 것입니다. 이런 것들이 대부분 우리의 기도 제목입니다.

그러나 바울은 그런 문제들을 떠나서 데살로니가 교회뿐만 아니라 모든 교회가 '은혜와 평강'이 있어야 한다고 보았습니다. 그렇다면 이것이 우리가 하나님께 날마다 청해야 하는 최우선의 기도 제목이 되어야 하지 않겠습니까? 자신이나 다른 형제자매들이 어떤 상황에 있든지, 항상 주 앞에서 먼저 간구해야 하는 것은 '은혜와 평강'입니다. 바울은 결코 이 말을 막연한 인사치레의 문구로 사용하지 않았습니다. 그럼 왜 우리에게 항상 은혜와 평강이 필요할까요?

'은혜'라는 말은 너무도 자주 사용하기 때문에 그 의미가 흐려졌다고 볼 수 있습니다. 어떤 말도 분명한 의미를 알고 사용하지 않으면, 남용과 오해를 일으키고 원래 전달하려던 본뜻이 흐려집니다. '사랑'이라는 말이 얼마나 오용되었는지를 생각해 보십시오. 은혜라는 단어는 신자들이라면 반드시 성경의 용법대로 알아야 합니다. 중요한 개념이 담긴 용어일수록 처음부터 제대로 배워서 사용해야 하는데 그렇지 않고 그냥 남들이 사용하니까 나도 사용한다는 식이면 전혀 본뜻을 파악할 수 없습니다. 신약 성경에 나타난 '은혜'라는 말은 100회가 넘습니다. 우리가 이 어휘를 잘 이해한다면 성경 이해에 매우 큰 도움이 될 것은 말할 나위도 없습니다. '은혜'란 의미는 '은혜 구원'이라고 부를 만큼 '구원'과 직결된 개념입니다. 그럼, '은혜'의 기본 의미와 함께 은혜의 독특성과 적용에 대한 것을 간추려 보겠습니다.

은혜의 기본 의미

'은혜'(헬. 카리스)라는 말은 당시에 일반적으로 사용되었던 인사말입니다. 그러나 바울은 이 말에 복음의 진리를 덧입혀 그 의미를 신학적으로 확장하고 심화시켰습니다. 그래서 단순한 문안의 의미를 넘어갑니다(행 23:26). 바울이 사용하는 은혜란 말의 기본 의미는 형벌을 받아 마땅한 죄인들에게 베푸는 하나님의 친절과 호의입니다. 그러니까 인간이 하나님 앞에서 죄인들이기 때문에 죽음의 벌을 받아야 함에도 하나님께서 그들에게 자비를 보이시고 구원을 받도록 적극적으로 도와주시는 것을 말합니다. 예수님의 십자가는 은혜의 의미를 가장 강력하게 드러낸 사건입니다.

"모든 사람에게 구원을 주시는 하나님의 은혜가 나타나"
(딛 2:11).

여기서 '하나님의 은혜'는 예수님을 가리킵니다. 사람의 몸으로 오셔서 세상 죄를 지고 십자가로 가신 예수님이 하나님의 은혜의 화신이며 실체입니다. 예수님은 "은혜와 진리가 충만"(요 1:14)하였습니다. 예수님이 누구의 죄를 지고 십자가로 가셨습니까? 예수님은 하나님을 순종하지 않고 악한 죄에 빠진 죄인들을 위해 자신을 희생하셨습니다. 그래서 '은혜'는 하나님의 용서와 복을 받을 자격이 전혀 없는 타락한 죄인들에게 내리는 하나님의 축복입니다. 은혜는 인간의 업적이나 선행을 인정해서 주는 것이 아닙니다. 은혜는 전적으로 거저 주는 하나님의 선물입니다. 하나님의 은혜는 하늘로부터 '나타난 것'이지 세상에서 생긴 것이 아닙니다. 은혜의 근원은 하나님입니다. 하나님의 은혜는 예수님을 통해서 나타났습니다.

우리에게 은혜가 필요한 까닭은 구원이 인간의 자력으로 성취될 수 없기 때문입니다. 인간은 자신의 죄를 스스로 용서할 수 없습니다. 인간의 죄는 궁극적으로 창조주 하나님께 지은 것입니다. 죄는 하나님을 거룩함과 순종으로 섬기도록 의도된 하나님의 뜻을 어긴 것이므로 하나님의 은혜가 없으면 해결될 수 없습니다. 은혜는 하나님으로부터 나타나야 하고, 구원은 받아야 합니다. 그래서 하나님께서 죽음의 형벌을 받아야 할 죄인들에게 내리시는 무상의 은혜가 반드시 필요합니다. 이 은혜가 항상 필요한 까닭은 신자의 모든 활동에서 하나님의 은혜가 생명과 능력의 원천이기 때문입니다(요1:14, 16). 다시 말해서 우리의 구원과 영적 복지는 전적으로 하나님의 은혜에 달렸습니다.

은혜의 독특성

바울은 데살로니가 교회에 하나님의 은혜가 있기를 기원했습니다. 그럼 데살로니가 교인들에게 필요했던 하나님의 은혜란 구체적으로 어떤 것이었을까요? 바울이 염두에 둔 것은 구원받은 신자들이 처음에 받았던 은혜를 더 넓은 영역에서 체험하는 것이었습니다. 즉, 박해와 환난 중에 있는 교인들이 계속하여 인내와 믿음으로 견디고, 예수님의 재림에 대한 거짓 가르침에 속지 않으며, 게으른 형제에 대한 처신 문제 등에서 하나님의 은혜를 받기를 원했습니다. 그런데 '은혜'는 기독교 복음의 굴대가 되므로 더욱 넓은 영역에 걸친 은혜의 역할과 영향을 간략하게나마 훑어보는 것이 좋습니다. 다른 모든 교리도 직접 간접으로 은혜 교리와 관련되어 있습니다.

예를 들어, 구원은 하나님께서 인간의 선행과 상관없이 그리스도의 십자가 공로에 근거해서 내리는 선물입니다. 여기에는 단순히 죽음과 사탄의 권세에서 풀려나는 구원만이 아니고 하나님으로부터 받는 모든 복을 포함합니다. 이를테면, 사랑(딤전 1:14), 위로와 소망(살후 2:16), 영적 판단력(롬 12:3), 맑은 양심(고후 1:12), 후한 마음(고후 8:1-6; 9:14), 강한 인내(고후 12:9), 소명과 은사(롬 1:5; 12:6; 고전 1:4-7; 엡 3:7), 인색하지 않은 헌금(고후 9:13-14), 사역을 위한 지혜(고전 3:10) 등이 모두 하나님의 은혜로 받는 것입니다. 은혜는 신앙생활의 바탕입니다. 신자는 누구나 은혜에 참여한 자며(빌 1:7) 은혜 아래 있습니다(롬 5:15, 17, 20-21; 6:14; 고후 9:14-15;

엡 1:7; 딤전 1:14). 신자는 전적으로 은혜로 사는 자들입니다(살후 1:12).

> "찬송하리로다 하나님 곧 우리 주 예수 그리스도의 아버지께서 그리스도 안에서 하늘에 속한 모든 신령한 복을 우리에게 주시되" (엡 1:3).

> "이는 그가 사랑하시는 자 안에서 우리에게 거저 주시는 바 그의 은혜의 영광을 찬송하게 하려는 것이라 우리는 그리스도 안에서 그의 은혜의 풍성함을 따라 그의 피로 말미암아 속량 곧 죄 사함을 받았느니라" (엡 1:6-7).

구원은 하나님의 공로에 근거한 은혜입니다.

> "그리스도 예수 안에 있는 속량으로 말미암아 하나님의 은혜로 값없이 의롭다 하심을 얻은 자 되었느니라" (롬 3:24).

구원은 하나님께서 계획하시고 하나님의 방법인 예수님의 십자가 대속으로써 그리스도를 믿는 자들에게 주는 값없는 선물입니다(엡 2:8). 이것은 인간의 일이 아니고 '하나님의 일'(요 6:29)입니다.

은혜는 하나님을 찬양하게 합니다.

"행위에서 난 것이 아니니 이는 누구든지 자랑하지 못하게 함이라"(엡 2:9).

내가 한 일이 아니라면 내가 자랑할 수 없습니다. 은혜는 인간의 자랑을 차단하고 하나님에게 모든 영광을 돌리게 합니다(엡 2:9; 롬 11:6). 그럼 구원을 받는 일에 인간의 행위가 전혀 개입되지 않는 것일까요? 십자가는 예수님이 지고 가셨지만, 십자가의 대속을 믿는 것은 인간이 아닙니까? 그렇다면 인간의 믿음이 구원에 적어도 일조(一助)를 한다고 보아야 하지 않을까요?

그렇지 않습니다. 인간의 믿음은 인간에게서 공로로 제시할 수 있는 것이 아닙니다. 물론 믿는 행위는 인간이 합니다. 그러나 우리는 하나님의 '은혜를 통해서' 믿는다는 사실을 알아야 합니다. 하나님께서 먼저 은혜로 내 속에서 속삭이시고 설득하시며 섭리하시지 않으면, 자기 능력으로는 복음을 믿을 수 없습니다. 십자가 복음은 인간의 이기적이고 반항적인 본성에 전혀 어필하지 않습니다.

구원은 예수님의 십자가로 성취한 것을 믿는 자에게 거저 주는 선물입니다. 그러나 구원만 받고 끝나는 것이 아닙니다. 복음은 주님을 주인으로 인정하고 자기 십자가를 지고 하나님의 뜻을 따라 거룩한 삶을 살 것을 요구합니다. 그래서 하나님을 싫어하는 인간에게 좋게 들리지 않습니다.

복음을 내가 믿는다고 해서 구원이 나에게 달렸거나 적어도 나의 공로가 포함된다고 말할 수 없습니다. 믿음은 인간의 성취가 아닙니다. 믿음은 구원을 받기 위한 수단에 불과합니다. 성경에서 믿음을 강조하는 것은 대부분 우리의 믿음이 아니고 예수님의 믿음입니다. 우리 자신의 믿음이 우리를 구원하는 것이 아니고, 예수님의 십자가가 우리를 구원합니다. 예수님의 십자가는 예수님의 믿음의 표현입니다.

다르게 말하면, 예수님의 십자가는 예수께서 하나님을 끝까지 전적으로 신뢰하고 순종한 신실함의 절정이었습니다. 그래서 우리의 믿음이 구원에 기여하는 것이 없습니다. 중요한 것은 예수님의 신실하심과 예수님의 믿음에 근거한 죄 없는 삶과 대속적인 죽음입니다. 강조점은 우리의 믿음이 아니고 예수님의 믿음(Christ's faith)과 예수님의 신실하심(Christ's faithfulness)입니다.

바울 서신에서 전통적으로 '예수님을 믿는 믿음'이라는 의미로 번역된 곳들은 '예수님의 믿음' 혹은 '예수님의 신실하심'이라고 번역될 수 있습니다(New English Translation/NET Bible 및 직역성경 참조. 롬 3:22, 26; 갈 2:16, 20; 3:22; 빌 3:9). 이 경우, 우리의 믿음은 예수님의 신실하심을 믿는 믿음이기 때문에 우리 자신의 믿음이 구원의 관건이 되는 것이 아닙니다. 우리의 믿음은 일정하지 않으며 신뢰할 수 없습니다. 오직 그리스도의 믿음(신실하심)만이 완전한 믿음이며 우리 믿음의 대상입니다. 그래서 우리의 믿음으로 구원을 받는 것이 아니고, 우리 믿음의 대상인 예수님의 믿음과 신실하심을 신뢰하고 구원을 받습니다. 우리는 예수님이 나를 위해서 완전한 삶을 사셨고, 나를 위해서 대속의 죽임을 당하셨으며 나를 위해서 하나님의 구원을 믿으신 신실하심에 근거해서 의롭다는 선언을 받습니다.

우리는 믿음을 통해서 구원을 받습니다. 바울은 에베소서 2장 8절에서 말합니다.

"여러분은 믿음을 통하여(말미암아=개역성경) 은혜로 구원을 얻었습니다."(새번역).

여기서 바울은 '믿음을 통하여'(through)라고 했지 '믿음에 의해서'(by)라고 하지 않았습니다. 믿음은 통로입니다. 그런데 믿음까지도 우리 속에서 활동하시는 하나님의 역사를 통해서 우리 안에서 긍정적으로 작용합니다. 하나님께서는 우리가 복음을 들을 때 우리 속에서 믿음이 일어나게 하십니다(행 13:48; 요 6:44; 6:37; 고전 12:3). 하나님께서는 영적으로 잠든 자들을 깨어나게 하시고 믿음을 일으키십니다. 그래서 베드로도 "보배로운 믿음을 우리와 함께 받은 자들에게 편지"(벧후 1:1)한다고 말했습니다. 믿음이 우리 스스로 일으킨 것이 아니라면 어떤 자랑도 있을 수 없습니다.

구원은 하나님이 일궈내시는 창조적인 '작품'입니다(엡 2:10, 새번역). 하나님께서는 우리 속에 원래 있던 것을 보완하거나 리모델링을 하시지 않고 기여할 것이 아무것도 없는 상태에서 우리에게 믿음을 주시고 하나님의 자녀들로 새롭게 지으셨습니다. 더욱 감사한 것은 예수님은 베드로의 경우처럼 우리의 믿음이 세상의 유혹이나 우리 자신의 연약함 때문에 떨어지지 않도록 우리를 위해 지금도 하늘 보좌에서 아버지께 기도하십니다(눅 22:31-32).

이것은 무엇을 의미합니까? 하나님께서 우리에게 주신 믿음은 절대로 없어지거나 취소되지 않는다는 것입니다. 예수님의 기도는 완전한 믿음으로 하나님의 뜻에 맞게 올리는 완전한 기도이기에 반드시 응답됩니다.

물론 우리는 여전히 믿어야 합니다. 그러나 우리의 믿음은 예수님의 믿음(신실하심)을 믿는 수단입니다. 중요한 것은 흔들리지 않는 완전한 믿음을 가지시고 십자가의 구원을 이루기까지 순종하셨던 예수님의 신실하심에 우리의 믿음의 닻을 내려야 한다는 것입니다. 이 점은 구원의 확신을 받쳐 줍니다. 우리가 믿는 것은 불완전하고 흠이 많은 우리 자신들의 연약한 믿음이 아니고, 예수님의 완전한 믿음과 신실하심이기 때문입니다. 그래서 우리가 받은 구원은 흔들리지도 않고 사라지지도 않습니다. 이런 이유에서 구원을 받은 후에는 모든 영광을 하나님께 돌리지 않을 수 없습니다.

생각해 보면 우리가 받는 구원은 너무도 후한 하나님의 선물입니다. 만약 하나님께서 완벽한 믿음을 보이는 사람들에게만 구원의 선물을 주신다고 하셨다면, 아무도 구원받지 못했을 것입니다. 누가 예수님의 복음을 완벽하게 이해하고 흠 없는 믿음을 가졌다고 주장할 수 있겠습니까? 아무도 없습니다. 우리는 처음부터 복음을 다 이해하지 못합니다. 예수님에 대해서 처음부터 다 알고 믿는 사람은 없습니다. 하나님께서도 우리의 첫 구원을 위해 완벽한 믿음과 완전한 지식을 요구하시지 않습니다.

구원은 우리의 성경 지식이나 자신의 믿음에 의존된 것이 아닙니다. 십자가의 대속이 예수님의 완전한 믿음과 흠 없는 희생으로 이루어진 하나님의 사랑의 행위라는 것을 단순하게 받아들이면 모든 죄를 용서받고 하나님의 자녀로 회복됩니다. 그러니까 하나님께서는 불완전한 믿음을 가진 우리 죄인들을 완전한 믿음을 가지신 예수님의 신실하심에 접붙여서 구원하십니다. 이것이 얼마나 후한 구원입니까? 우리가 아무리 믿음이 좋다 하여도 자기 믿음이 좋아서 구원받을 자는 아무도 없습니다. 그러나 예수님이 나 대신 완전한 믿음으로 완전한 삶을 사시고 끝까지 신실한 하나님의 아들로서 십자가로 가셨습니다. 그래서 비록 나의 믿음이 약하고 불완전하여도 구원을 받는데 아무런 장애가 되지 않습니다. 이것이 하나님의 은혜이며 우리가 하나님을 찬양해야 할 충분 타당한 이유입니다. 따라서 자신이 받은 구원을 놓고 자기의 공로라고 자랑할 수 없습니다. 우리는 오직 주 하나님의 은혜 구원을 자랑하고 찬송할 따름입니다(엡 1:6; 고전 1:29, 31).

은혜는 기독교를 타종교와 분리시키는 대표적인 특징입니다.

은혜는 처음부터 끝까지 크리스천 삶의 모든 측면에 깔려 있습니다. 은혜는 행위를 구원의 조건으로 내세우지 않습니다. 그러나 타종교는 모두 행위 구원을 가르칩니다. 인간이 신을 위해서 무엇인가를 행해야 복을 받습니다. 타종교의 신들은 먼저 대접을 받은 후에 신도들에게 복을 베풉니다. 그러나 기독교는 신자들이 신에게 무엇을 드리기 위해서 가는 것이 아니고 처음부터 받으려고 갑니다.

기독교는 구원을 받는 순서가 인간에게서 먼저 출발하는 것이 아니고 하나님에게서 출발합니다. 하나님께서는 인간들과 깨어진 관계를 회복시키려고 자진하여 필요한 모든 조건을 먼저 충족시켰습니다. 즉, 예수님의 십자가를 통해서 죄인들이 하나님께로 나아가서 모든 죄를 용서받고 새 생명을 받게 하십니다. 그래서 구원을 받기 위해서 내 편에서 하나님을 위해 먼저 행할 일이 없습니다. 구원은 선행을 조건으로 내걸지 않습니다. 내가 구원받기에 필요한 일체의 조건들을 하나님이 이미 다 충족시켰습니다. 내 편에서 할 일이 있다면 이 조건 충족을 그대로 받아들이는 것입니다. 예수님과 그의 십자가 대속이 구원의 조건 충족입니다.

타종교에서는 내가 믿겠다고 결정을 내리고 정해진 절차를 거치면 됩니다. 그러나 기독교는 하나님께서 이루어 놓으신 구원의 방편인 십자가를 나를 위한 하나님의 선물로 받으면 됩니다. 기독교 복음은 인간이 스스로 하나님과 깨어진 관계를 회복할 수 없다고 못을 박습니다. 그래서 자신의 무력함을 인정하고 하나님께서 주시는 준비된 구원을 선물로 받아야 한다고 가르칩니다.

죄인이 주께로 나오는 것은 자신의 삶을 종교를 통해서 개선

하려는 것이 아니고, 온전히 새로워지기 위한 것입니다. 죽은 자는 하나님을 섬길 수 없습니다. 복음은 그리스도를 믿지 않는 자들을 영적으로 죽은 자로 봅니다(엡2:1). 죽은 자는 하나님의 은혜 사역으로 믿음을 가져야 하고 하나님이 마련하신 사랑의 십자가를 값없는 선물로 받아들여야 합니다. 인간은 하나님의 은혜가 없이 구원의 운명을 스스로 결정할 수 없습니다. 예수님은 하나님의 은혜의 화신입니다. 구원은 하나님의 은혜로 오신 예수 그리스도의 인격과 십자가 사역을 하나님과 무너진 관계를 회복하는 유일한 길로 신뢰할 때 옵니다.

　타종교에서는 이런 신뢰를 할 수 있는 근거가 없습니다. 어떤 신(神)도 나의 죄를 위해서 대신 형벌을 받지 않았습니다. 어떤 신(神)도 나를 의롭게 하고 새 생명을 주기 위해 부활한 적이 없습니다. 그래도 사람들은 신은 이름만 다르지 다 같은 신이라느니 혹은 죽으면 다 한 곳으로 간다느니 또는 종교마다 도덕적 교훈도 피장파장이라고 말합니다. 이런 주장은 기독교를 몰라서 하는 말입니다. 아무리 종교가 서로 비슷한 점이 있다 하여도 '은혜' 종교는 기독교뿐입니다.

　복음의 핵심은 하나님께서 죄인들을 구원하시는데 아무런 조건을 붙이지 않으신다는 것입니다. 어떻게 죄인이 거룩하신 하나님께로 돌아갈 수 있을까요? 하나님이 보내신 예수 그리스도의 속죄의 십자가를 자신의 죄를 위한 것으로 믿으면 됩니다. 예수님을 자신의 대속주로 맞이하면, 하나님과 어그러진 관계가 회복되고 정죄를 받지 않습니다. 우리가 아무리 큰 죄인이라도 자신의 속절없음을 인정하고 예수님의 십자가 공로를 믿으면 완전한 용서와 함께 의롭다는 선언을 받습니다. 하나님의 눈에 의롭게 비친다면 더 이상 죄인이 아니고 정죄를 당하지 않습니다. 이것이 믿음으로 아브라함의 자손이 되는 길입니다(갈 3:7, 29). 하나님께서는 아브라함과 언약을 맺으시고 그의 후손을 축복하셨습니다.

우리는 주 예수를 믿음으로써 하나님의 언약 백성이 되고 영원하고 완전한 구원을 받습니다. 구원은 우리의 도덕적 품성이나 선행이나 자격에 근거해서 받는 것이 아니고, 순전히 하나님께서 은혜로 주시는 사랑의 선물입니다(딛3:4-7). 다른 어떤 종교에서 이런 구원을 제공해 줍니까? '은혜'는 기독교와 다른 종교를 확연하게 구분하는 특징입니다.

3장

나는 은혜의 기념탑입니다
데살로니가후서 1:2

"하나님 아버지와 주 예수 그리스도로부터 은혜와 평강이
너희에게 있을지어다"(살후 1:2).

"내가 하나님의 은혜를 폐하지 아니하노니 만일 의롭게
되는 것이 율법으로 말미암으면 그리스도께서 헛되이 죽
으셨느니라"(갈 2:21).

구원이란 하나님의 은혜 덕분이라는 가르침은 신약 성경의 곳
곳에 배여 있습니다. 구원은 법을 잘 지키거나 종교 활동을 많이
한다고 해서 혹은 양심적으로 도덕적인 삶을 살기 때문에 받는
것이 아닙니다. 구원은 전적으로 하나님의 주권적인 결정으로 예
수 그리스도를 믿는 자들에게 값없이 주는 선물입니다. 다시 말
해서, 하나님께서 구원의 길로 제시하신 예수님을 자신의 대속주
로 받아들이면 하나님의 자녀가 된다는 것입니다. 그러니까 내

편에서 구원을 받기 위해서 아무것도 할 필요가 없습니다. 빈손으로 나오라는 말입니다. 나는 거룩하신 하나님의 용서를 받을 자격도 없고 예수님의 대속의 십자가 혜택을 입을 공로가 없는 죄인임을 자백하고 하나님께서 이미 다 준비하신 구원을 받기만 하면 된다는 것입니다. 이것을 하나님의 은혜 구원이라고 합니다 (엡 2:8-9).

은혜는 구원의 확신을 가져옵니다.

어거스터스 톱레이디(Augustus Toplady)가 '만세 반석 열리니'(찬송가 188장)에서 읊었듯이, 인간의 공로가 없는 빈손으로 나가서 십자가를 붙잡고, 인간의 치장이 없는 벗은 몸으로 나가서 주님의 의의 옷을 받아 입는 것이 구원입니다. 내 손에 담고 있는 것이 있으면 나의 공로가 있는 것이고 내 몸을 가린 것이 있으면 나의 죄를 스스로 덮으려고 한 것입니다. 빈손과 벗은 몸으로 주께 나오지 않으면 받아야 할 십자가가 없고, 입어야 할 의인의 옷이 없습니다. 하나님께서는 빈 손과 알몸으로 나오는 자들, 곧 그리스도의 공로만 전적으로 의지하는 자들을 경건하고 의롭다고 선언하십니다(롬 4:5).

예수님은 주님 자신을 통하지 않고는 그 누구도 하나님께로 갈 자가 없다고 하셨습니다(요 14:6). 만일 인간의 선행이나 업적을 통해서 구원을 받을 수 있는 다른 길이 있었다면, 예수님의 십자가 죽음은 불필요하고 헛된 일이 되었을 것입니다. 그래서 바울은 "내가 하나님의 은혜를 폐"(갈 2:21)하지 않는다고 했습니다. 구원은 은혜로 받는 것이므로 인간의 행위를 배제합니다. "만일 은혜로 된 것이면 행위로 말미암지 않음이니 그렇지 않으면 은혜가 은혜 되지 못하느니라"(롬 11:6).

은혜는 내가 받은 구원의 확실성을 보증합니다. 인간의 최선도 하나님의 표준에서 보면 죄에 오염된 불합격품입니다. 해 아래 죄인이 아닌 사람은 없습니다(롬 3:10). 어떤 인간의 선행도 타락의 물이 배여 있습니다. 거룩하신 하나님에게 전적으로 순수하고, 전적으로 완전하며, 전적으로 받아질 수 있는 인간의 공로는 존재하지 않습니다. 하나님께서 마련하신 구원은 죄의 흔적이나 흠이 전혀 없는 완전무결한 것입니다. 그래서 구원은 불완전한 인간의 개입이 제쳐지고 오직 거룩하시고 완전하신 하나님께서 홀로 이루시는 일입니다. 이것은 우리가 받는 구원이 확실하다는 것을 보증합니다.

만약 구원이 인간 편의 어떤 선행이나 좋은 품성의 지원을 조금이라도 받았다면, 그 구원은 인간의 죄로 오염된 것입니다. 완전하지 못한 구원은 완전한 구원을 보장할 수 없습니다. 그러나 완전한 삶을 사시고 완전한 순종과 믿음으로 하나님의 뜻을 신실하게 이행하신 예수님의 십자가 구원은 흠 없고 완벽한 구원을 보장합니다. 그래서 영원한 구원입니다. 은혜 구원은 불완전한 인간의 행위가 조금도 필요하지 않습니다. 따라서 아무리 악한 죄인도 받을 수 있습니다. 구원은 인간의 행위가 아니고, 그리스도의 생애를 통해서 드러난 완전한 구속 사역과 하나님의 불변의 성품에 달렸기에 흔들릴 수 없습니다(롬 8:33-39).

> "하나님이 우리를 구원하사 거룩하신 소명으로 부르심은 우리의 행위대로 하심이 아니요 오직 자기의 뜻과 영원 전부터 그리스도 예수 안에서 우리에게 주신 은혜대로 하심이라"(딤후 1:9)

'은혜 구원'은 거짓된 교인을 만드는 것일까요?

은혜란 나의 공로와 반대되는 개념입니다. 은혜는 하나님께서 혜택을 받을 자격이 없는 자에게 내리시는 무상(無償)의 호의와 친절입니다. 그래서 신약 성경에서 은혜를 말할 때는 '선물'이라고 하거나 혹은 '주어졌다'는 표현을 자주 사용합니다(롬 5:15, 17; 엡 2:8; 3:7; 롬 12:3; 고전 1:4). 은혜는 하나님께서 죄인들을 구원하기 위해서 보이는 놀라운 사랑입니다. 이 하나님의 사랑이 예수 그리스도의 인격과 사역에서 드러났습니다. 예수님은 하나님의 은혜의 선물로 세상에 오셨습니다. 하나님께서는 예수님을 통해서 죄인들을 구원하시고 복을 내리십니다.

그럼, 구원을 받으려면 어떻게 해야 하겠습니까? 예수님을 하나님이 주신 선물로 받으면 됩니다. 예수님이 세상 죄를 지고 가신 하나님의 속죄양이라는 성경의 주장을 받아들이고 자신에게 적용하면 됩니다. 즉, 예수님을 자신의 대속주로 믿으면 모든 죄를 용서받고 영생을 누리기 시작합니다. 말을 바꾸면, 내 편에서 무엇을 하는 것이 아니고, 나의 구원을 위해 하나님 편에서 하신 것을 받아들이는 것입니다. 한마디로 예수 그리스도를 통한 십자가 대속을 믿으면 구원을 거저 받습니다.

그런데 은혜 구원은 너무 쉽게 구원을 받는다는 인상을 줍니다. 내 편에서 아무것도 기여하는 것이 없기 때문입니다. 인간에게는 공로 사상이 있습니다. 내가 무엇을 하지 않으면 아무것도 받을 자격이 없다고 보고 자신이 한 일에 대해서는 당연한 대가를 기대합니다. 그래서 언제나 내가 무엇을 해야 하느냐고 묻습니다. 유대인들은 예수님께 "우리가 어떻게 하여야 하나님의 일을 하오리이까"(요 6:28) 라고 물었습니다. 예수님은 그들에게 이것저것을 하라고 지시하시지 않고 "하나님께서 보내신 이를 믿는 것이 하나님의 일"(요 6:29)이라고 하셨습니다. 즉, 세상에 속한 것을 행함으로써 하나님의 구원을 받으려 하지 말라는 것입니다. 그 대신 하늘에 속한 생명의 양식으로 오신 예수님을 믿고 구원을 받아야 한다는 말씀이었습니다. 이 생명의 양식은 하나님께서 주신다고 했습니다. 이 양식을 받는 것이 믿음이며 영생을 누리는 길입니다. 예수님은 하늘에서 내려온 참 양식으로서 생명을 주시는 분입니다(요 6:32, 35).

그렇다면 누가 예수님을 돈을 주고 사거나 혹은 자신의 업적으로 그분에게 생명의 양식을 청구할 자격이 있겠습니까? 아무도 없습니다. 예수님은 하나님의 선물이므로 감사하고 받아야지 나의 도덕적인 삶이나 인간적인 공로로 요구할 수 없습니다.

그런데 일부에서는 은혜 복음을 '싸구려 복음', '쉽게 받는 구원'(easy believism), '행위가 없는 구원' 등으로 부르면서 비난합니다. 그러나 분명히 알아야 할 것은 구원은 하나님의 일(요 6:29)입니다. 그렇다면 하나님께서 주권적으로 자기 아들을 희생시켜 성취하신 구원 앞에 고개를 숙이고 깊이 감사하며 하나님의 뜻에 따라 살지 않을 수 없습니다. 그런데도 그저 예수님의 십자가만 믿으면 천국에 들어간다고 하면서 일단 믿으면 그다음부터는 어떻게 살든지 상관없다고 보는 것이 은혜 구원이라고 오해합니다. 이것은 두 가지 점에서 잘못된 평가입니다.

첫째, 은혜 구원은 거룩한 삶을 밀어내지 않습니다.
성경은 인간의 행위가 하나님께서 마련하신 구원을 처음 받을 때는 아무런 영향을 주지 않는다고 가르칩니다. 그러나 하나님의 자녀로서 사는 삶에서는, 행위로 순종을 드러내고, 행위로 선한 일을 해야 한다고 강조합니다. 성경의 논리는 행위가 없으면 구원이 없다는 것이 아닙니다. 성경이 말하는 것은 은혜로 구원을 받았으므로 하나님의 자녀가 된 이후부터는 과거의 죄악 된 삶을 버리고 거룩한 삶을 살아야 한다는 것입니다. 만일 구원의 목적인 거룩한 삶을 통한 예수님의 형상 닮기를 제외하는 가르침이라면 '은혜 구원'을 바르게 이해한 것이 아닙니다. 은혜는 그리스도를 닮는 거룩한 삶을 위한 능력을 주고 동기를 부여합니다.

"그러나 내가 나 된 것은 하나님의 은혜로 된 것이니 내게
주신 그의 은혜가 헛되지 아니하여 내가 모든 사도보다

더 많이 수고하였으나 내가 한 것이 아니요 오직 나와 함

께 하신 하나님의 은혜로라"(고전 15:10).

바울을 바울답게 한 것이 무엇입니까? 그가 깨끗한 양심으로 주를 위해 수고하도록 능력과 동기를 준 것은 하나님의 은혜였습니다.

둘째, '은혜 구원'이 영적 방종이나 도덕적 해이를 가져온다는 것은 과장된 편견입니다.

구원은 예수님을 믿을 때 보장된 것이니까 그다음부터는 아무렇게 살아도 전혀 문제가 없다고 한다면 '은혜'가 무엇인지 모른다는 뜻입니다. 그런데 사실상 그렇게 생각하고 사는 신자들이 다수라고는 볼 수 없습니다. 아무리 신앙생활을 잘못하는 신자라도 반법주의를 지지하거나 방종주의를 옳다고 여기지 않습니다. 하나님 앞에서 자신의 모습이 부끄럽다고 민망해하는 신자들의 수효가 방종하면서 살아도 구원은 맡아놓은 것이라는 식으로 말하는 사람들보다 훨씬 더 많을 것입니다. 거룩한 삶의 중요성과 당위성을 부인하는 교인들은 거의 없다고 봅니다. 물론 옳은 것을 인정하는 것과 실제로 올바르게 사는 것은 별개의 문제일 수 있습니다.

어떤 종교에도 도덕성이 결여된 교리를 가르치는 일은 드뭅니다. 문제가 되는 것은 '은혜 구원'의 구원론이 잘못된 것이 아니고, 잘못 전달된 가르침이 일으키는 오해입니다. '은혜'는 결코 죄를 더 짓게 하지 않습니다(롬 6:1, 14-15). 은혜는 오히려 죄에 대

해 죽게 하고 하나님을 찬양하게 하며 주님의 모습을 더욱 닮아가게 합니다. 은혜는 과거의 죄악 된 삶에서 벗어나 새 생명 가운데서 행하게 합니다(롬 6:4).

처음으로 예수 그리스도의 십자가 대속을 믿고 의롭다는 선언을 받는 구원에는 인간의 도덕적인 행위나 기타 어떤 종류의 인간적인 기여가 개입될 수 없습니다. 구원은 하나님의 주권적인 결정에 의한 선물입니다. 이 선물은 한 번 받으면 영원합니다. 그런데 바로 이 점에서 오해가 일어납니다. 한 번 받은 구원이 영원하다면, 어떻게 살든지 구원받은 신분에는 영향을 주지 않을 것이 아니냐는 것입니다. 이것은 잘못된 논리입니다.

성경의 논리는 일체의 자격이 없는 죄인이 하나님께서 주시는 무상의 구원을 받았으니까 얼마나 감사하냐는 것입니다. 그리고 성령이 오셔서 새 삶의 방향을 잡아 주시고 복음을 점점 더 깨닫게 하므로 그리스도의 형상으로 닮아가는 변화가 생긴다는 것입니다.

만약, 구원을 받았다는 사람이 믿기 전과 모든 면에서 아무런 차이가 없다면 구원받은 것이 아닙니다. 긍정적인 변화가 없는 믿음은 참믿음이 아닙니다. 구원을 받았다고 하고서 세상을 보는 눈이나 생활 자세나 가치관에 전혀 변화가 일어나지 않았다면, 아무 일도 일어나지 않은 것입니다. 하나님의 자녀가 된 것도 아니고 하나님 나라에 들어간 것도 아니며 복음을 믿은 것도 아닙니다. 죄의 용서를 받은 것도 없고 십자가의 은혜를 체험한 것도 없습니다. 의롭다는 선언을 받은 적도 없고 예수님을 주님으로 모신 적도 없습니다.

이전의 신분과 삶의 방식으로부터 변화가 생긴 것이 전혀 없다면 문자 그대로 아무 일도 일어나지 않았기에 여전히 죄 가운데 있습니다. 구태여 그런 사람을 교인이라고 부른다면 실체가 없는 그림자 교인입니다. 그저 교회만 다니면서 교인 행세를 하는 모방 교인입니다.

그런데 한 가지 문제가 있습니다. 교인이 되면 변화가 있어야한다는 전제에서, 변화가 없으면 구원받은 것이 아니라고 단정하는 것은 조심해야 합니다. 내 눈에 다른 사람의 변화가 보이지 않는다고 해서 반드시 거듭난 적이 없다는 결론은 내릴 수 없습니다. 우리는 거듭난 사람은 성령의 활동으로 변화를 체험한다고 말할 수 있습니다. 그러나 그 변화는 각자의 형편에 따라 진행 속도와 질에 있어 큰 차이를 낸다는 것을 고려해야 합니다.

우리의 판단은 정확하지 않습니다. 사람들의 눈을 속이는 것은 그리 어려운 일이 아닙니다. 우리는 성경에서 보장되지 않은 범위를 넘어가려고 해서는 안 됩니다. 성경은 예수 그리스도를 하나님께서 보내신 대속주로 믿고 이를 고백하면 하나님의 새로운 피조물이라고 말합니다. 그러나 내 눈에 교인답지 않다고 해서 구원받은 적이 없는 사람이라고 쉽게 판단하지 말아야 합니다. 이것은 자칫 자기 의(義)에 빠지게 하고 외형으로 사람을 평가하려는 행위 구원의 냄새를 풍깁니다.

교인이 되었으면 삶의 질적 변화는 반드시 일어나야 합니다. 그러나 그 변화는 기계적인 것이 아닙니다. 성도의 변화된 삶은 은혜 구원이 무엇인지를 더욱 깊고 정확하게 깨닫는 일과 연관성이 있습니다. 구원이 무엇인지를 엉성하게 알고 있으면 신앙생활에 진보가 더디고 많은 부분에서 잘못된 적용을 합니다. 구원의 도리를 꾸준히 배워서 복음의 사상이 몸에 배어 있지 않으면 쉽게 유혹에 넘어가고 교인답지 않은 행동을 하면서도 이를 깨닫지 못하는 수가 종종 있습니다.

하나님의 은혜로 살기

은혜 구원을 받았다는 것은 은혜를 통해서 우리에게 일어난 일이 무엇인지를 알고 이를 새 생활 속에서 적용하며 예수님의 삶을 따라가는 것입니다. 하나님의 은혜가 바르게 적용되려면, 처음으로 대속의 십자가를 믿었을 때 우리에게 어떤 일이 일어났는지를 알아야 합니다. 바울은 이것을 하나님과 우리가 원수로 있다가 화해가 되었다고 말하기도 하고, 혹은 우리가 하나님의 양자가 되었다고도 하며, 또는 하나님이 우리를 의롭다고 선언한 것으로 설명하기도 합니다. 하나님으로부터 의롭다는 선언을 받는 것을 칭의라고 부릅니다. 칭의는 죄의 용서와 함께 하나님과 깨어진 관계를 회복시켜 줍니다. 우리는 이러한 구원을 받을 때 하나님께서 다스리시는 은혜의 왕국으로 들어가서(롬 5:2) 예수님의 부활 생명을 누리기 시작합니다.

"더욱 은혜와 의의 선물을 넘치게 받는 자들은 한 분 예수 그리스도를 통하여 생명 안에서 왕 노릇 하리로다"(롬 5:17).

이 말씀은 "본질상 진노의 자녀"(엡 2:3)였던 죄인이 예수님의 십자가 대속을 믿는 순간 주님과 함께 왕족의 신분으로 바뀐 것을 가리킵니다. 신약은 우리가 이러한 은혜를 이해하고 체험해야 한다고 강조합니다. 하나님의 은혜는 먼저 받아야 하고, 더욱 깨달아야 하며, 체험적으로 의식해야 합니다(롬 5:17; 골 1:6). 예수 그리스도 안에서 하나님께서 내려주시는 후한 은혜가 어떤 것인지를 체험하게 될 때 하나님에 대한 감사와 찬양과 순종의 삶이 박차를 가하게 됩니다. 예수를 믿는다는 신자들에게서 교인다운 모습이 잘 드러나지 않을 때마다 우리는 실망합니다. 그러나 하나님께서 주 예수를 믿는 자들을 의롭다고 보시고 그리스도의 부활 생명을 주시며 왕처럼 다스리게 하신다는 사실을 깊이 의식하며 그 의미를 생각한다면 삶의 자세가 달라질 것입니다.

신자들의 미성숙과 세속성은 '은혜 구원'의 결함에 있는 것이 아니고, 우리를 구원하고 온전하게 하려고 하나님께서 얼마나 큰 사랑과 능력으로 역사하셨는지를 듣고 깨닫고 체험하는 일이 부족하기 때문입니다. 그래서 바울은 말하기를 "하나님의 은혜를 헛되이 받지 말라"(고후 6:1)고 했습니다. 다시 말해서 새 생명 가운데 그리스도의 왕권을 누려야 합니다. 즉, 죄를 이기며 주님의 뜻을 따라 사는 삶이 없으면, 받은 은혜가 점점 흐려져서 과실을 맺지 못한다는 것입니다. 하나님께서 주시는 은혜는 후한 은혜이며 충만한 은혜입니다. 예수님은 목마른 자들이 다 주께로 와서 넘치는 생명수를 마시라고 초대하셨습니다.

"내가 주는 물을 마시는 자는 영원히 목마르지 아니하리니 내가 주는 물은 그 속에서 영생하도록 솟아나는 샘물이 되리라"(요 4:14).

하나님의 은혜는 소량으로 내리지 않습니다. 오직 우리가 하나님의 넘치는 은혜를 소량으로 차지할 뿐입니다. 이것이 받은 은혜를 헛되게 하는 일입니다. 예수님의 생명으로 다스려야 하는 곳에서 육신의 정욕으로 다스리면 은혜를 헛되게 받은 셈입니다. 다스리는 일은 삶의 전반에 걸친 통치입니다.

예를 들어, 고린도 교회처럼 거짓 교사들에게 귀를 주고 내부적 분쟁이나 도덕적 부패에 빠지면 받은 은혜가 헛되게 됩니다. 혹은 에베소 지역의 교회들처럼 예수님의 성육신을 부인하는 자들의 영향을 받으면 은혜가 우리 속에서 온전한 열매를 맺을 수 없습니다. 신약은 곳곳에서 우리가 받은 은혜를 생활 전반에서 잘 보존할 뿐만 아니라 주님과 함께 새 생명의 승리를 체험함으로써 더 많은 은혜를 받아야 한다고 말합니다.

그럼 무엇을 어떻게 다스리는 것일까요?

우리는 주님을 믿으면 하나님의 자녀가 되는 권세를 받습니다(요 1:12). 하나님의 로열 패밀리가 되면, 그리스도의 왕권에 연합되어 죄와 사탄을 누르는 권세를 가집니다. 신자로서 거룩한 삶으로 죄를 이기며 사탄의 유혹을 새 생명의 능력으로 막으면 은혜가 왕 노릇한 것입니다. 우리는 하늘 왕족입니다. 우리는 하늘에 속한 시민이며 우주의 왕이신 그리스도의 아들딸들입니다. 우리는 정죄 받은 죄인이었고 세상에 소망이 없던 자들이었습니다. 그러나 이제는 하나님의 구원의 은혜로 의인으로 인정을 받고 하나님 앞에 자녀의 신분으로 나갈 수 있게 되었습니다(롬 5:1-2).

그러므로 이 큰 은혜를 생각하고 담대한 자세를 가져야 합니다. 그것은 우리 자신의 죄보다 우리에게 입혀 준 그리스도의 완전한 의를 기뻐하는 것이며, 우리의 부족한 믿음보다 전적으로 완전하고 신실하신 예수님의 믿음을 신뢰하는 것입니다. 이것이 하늘 왕족으로서 구원의 은혜를 누리는 자의 기본적인 자태입니다. 주님은 신실하셔서 우리를 계속 인도하시며 일깨워 주십니다. 그래서 날마다 주님의 음성을 듣고 따라가면 선한 목자가 인도하는 은혜의 왕국에서 새 생명의 승리를 체험합니다.

데살로니가 교인들은 고난 속에서 인내하며 서로 사랑하였습니다. 사랑의 삶은 하나님의 은혜 구원이 절대 헛되지 않음을 드러내는 성령의 열매입니다. 크리스천 삶의 에센스는 사랑 속에서 생동하는 그리스도의 부활 생명을 체험하는 것입니다. 은혜로 구원을 받은 자는 죽음에 속한 어둠을 밀어내고 생명의 빛을 품습니다. 은혜 구원은 율법적인 삶보다 사랑의 삶을 기뻐하며, 이기적인 욕구에 집착하기보다 하나님의 뜻에 순복합니다. "일을 아니할지라도 경건하지 아니한 자를 의롭다 하시는 이를 믿는 자"(롬 4:5)는 오직 은혜로 받은 놀라운 구원을 경탄하고 주 앞에

삼가 무릎을 꿇고 나의 주 나의 하나님이라고 고백합니다.

　우리는 구원을 받기 전에는 인생의 의미도 사후의 소망도 없었습니다. 내가 어디서 와서 어디로 가는지도 모른 채 이 세상을 목적 없이 살았습니다. 물론 내 마음이 원하는 일을 하며 또 하려고 노력합니다. 그러나 결국은 한 줌의 흙으로 돌아갑니다. 세상에서 이룬 모든 것들이 대부분 자아의 종말과 함께 무의미하게 됩니다. 역사에 남는다 하여도 인간의 역사책은 날로 낡아지고 그 속에 기록된 사람들의 이야기도 무상한 세월 속에서 퇴색되고 잊힙니다. 구태여 솔로몬의 격언을 대지 않아도 인생이 헛되고 헛되다는 것은 누구나 살아 보면서 느낍니다. 인생이 헛되어도 좋다고 웃는 사람은 아무도 없습니다. 헛된 일생을 마칠 때는 누구나 힘없이 죽습니다. 인간은 모든 것을 잃고 떠납니다. 원래 자신이 가졌던 것이 다 헛된 것이었기 때문입니다.

　우리가 현실을 직시한다면, 더는 인류의 문명을 눈부신 발전이라고 찬양하고 인간의 위대성을 자랑하며 미래 역사를 낙관하지는 못할 것입니다. 지금까지 이루어 온 문명이 어디를 향해서 가고 있습니까? 지구의 환경은 갈수록 악화되고 있습니다. 세상의 죄는 급속도로 늘어나서 죄에는 아이도 어른도 없는 시대가 되었습니다. 인간의 욕심은 끝없는 충족을 위해 죄악을 물 마시듯 하며 온 세상을 죄악으로 더럽힙니다. 이것이 아담의 타락에 연루된 모든 인류가 가는 길입니다.
　인간은 스스로 자신의 문제를 절대로 풀지 못합니다. 인간은 욕심과 교만과 어리석음으로 가득한 똑똑한 바보들입니다. 인간을 가장 위대한 존재라고 찬양하게 하는 과학 문명도 세상을 더 나은 곳으로 만들지 못합니다. 모든 것이 공해며 쓰레기입니다. 인간은 마음속에서도 쓰레기가 나오고 머리와 손발로 만들어 내는 것들에서도 노폐물이 나옵니다. 문제는 인간이 쓰레기들을 처리하지 못한다는 사실입니다. 정신적, 심적, 문화적 쓰레기들이 세상 가는 곳마다 쌓여 있습니다. 정치와 경제도 부패하고 예술도 갈 길을 잃었습니다.

하나님과의 관계에서 보면 나의 행위로 할 수 있는 것들은 모두 불합격품입니다. 인간들이 만든 종교도 마찬가지입니다. 하나님을 떠난 이 세상은 처음부터 폐품 공장으로 가동 중입니다. 하나님의 은혜가 아니면 새것이 나올 수 없습니다. 죽음을 향한 행진이 인류의 문명이며 인간의 운명입니다. 바울의 절규는 지금도 우리 귀에 공명합니다.

"오호라 나는 곤고한 사람이로다 이 사망의 몸에서 누가
나를 건져내랴"(롬 7:24).

누가 인류를 건져내고 나를 살릴 수 있습니까? 누가 아담의 후예로서 잃어버린 나의 귀중품들을 회수시킬 수 있습니까? 하나님으로부터 부여받았던 인간의 품위와 의로움과 엄청난 가능성을 누가 다시 찾아줄 수 있습니까? 하나님을 떠난 인간에게 미래가 있습니까?

성경이 무엇이라고 말합니까? 주 예수 그리스도를 믿으라고

말합니다. 하나님께서 보내신 예수 그리스도가 인류의 운명을 바꿀 수 있는 유일한 구속주입니다. 예수님만이 죄로 찌든 이 가련한 지구의 운명을 은혜의 왕국으로 변환시킬 수 있습니다. 하나님께서는 인간의 행위를 요구하지 않는 온전한 구원을 약속하셨습니다. 하나님께서는 인간의 행위가 죄에 물든 것을 아시고 그런 행위를 받지 않으신다고 선언하셨습니다. 구원은 전적으로 거저 주는 하나님의 주권적인 은혜에 달렸습니다. 하나님의 은혜가 아니라면 한 사람도 구제될 수 없습니다. 인간은 이미 사망의 문 안으로 들어가 있습니다. 그래서 예외 없이 인간은 죽음을 수확합니다. 인간은 사망을 거두기 위해서 태어난 존재들입니다. 모든 인류가 아담 안에서 뿌렸던 사망의 씨앗을 각자의 죽음 속에서 거두어들입니다. 이 사망의 몸에서 누가 나를 건져낸단 말입니까?

성경은 한 마디로 주 예수 그리스도 이외는 아무도 나를 구할 수 없다고 단언합니다. 예수님을 하나님께서 보내신 대속의 구주로 영접하지 않으면 아무도 하늘 아버지께로 갈 자가 없습니다(요 14:6). 하나님의 은혜는 아무런 자격이 없는 나 같은 죄인들을 그리스도의 완전한 의로 덮어 주고 새 생명을 불어넣어 성령의 인도와 보호 속에서 살게 합니다.

하나님께서는 우리가 아담 안에서 잃은 것보다 훨씬 더 많은 것을 예수 그리스도 안에서 우리에게 되돌려 주십니다. 죄 많은 곳에 은혜가 넘치게 하는 것이 하나님께서 베푸시는 구원의 특징입니다. 과거의 우리 모습을 되짚어 보고 많은 죄악을 상기해 보십시오. 죄악 된 삶에 비하면 얼마나 큰 용서를 받고 얼마나 큰 사랑을 받았습니까?

- 은혜는 모든 상처와 부끄러움을 덮어 주고 하나님의 사랑을 노래합니다.
- 은혜는 모든 원수를 밀어내고 십자가를 높입니다.
- 은혜는 교만의 문을 폐쇄하고 겸손의 집을 엽니다.
- 은혜는 나를 숨기고 하나님을 자랑하며, 죄를 슬퍼하고 선을 기뻐합니다.
- 은혜는 날마다 나를 비우며 생명의 말씀으로 채웁니다.
- 은혜는 마침내 나를 영원한 본향으로 인도합니다.

그때 비로소 우리는 은혜로 받은 우리의 구원이, 다함이 없는 하나님의 사랑을 영원토록 찬송케 하려는 하나님의 뜻이었음을 깨닫게 될 것입니다.

은혜의 기념비

하늘나라는 은혜의 기념비로 가득한 곳이 될 것입니다. 우리 각자의 삶은 하나님의 은혜를 증언하는 기념비입니다. 그런데 우리가 대변하는 은혜의 기념비가 주님이 베푸시는 사랑과 자비와 능력의 스토리로 가득 채워지려면 은혜에 대한 체험이 많아야 합니다. 그럼 어떻게 하는 것이 은혜의 체험을 늘리는 길일까요?

첫째, 우리의 마음과 성품에 매우 악한 성향이 있음을 깊이 인식해야 합니다.

인간의 마음은 심히 부패하고 거짓된 것입니다. 자기 죄를 숨기고 부인하는 것이 인간의 본능적인 기만책입니다. 한 길 물속은 알아도 한 치 마음속은 모른다는 속담이 있듯이, 우리 마음속에서 일어나는 일들은 오직 하나님께서만 정확하게 아십니다. 인간은 누구나 죄의 종으로 태어나서 일평생 죄를 섬기다가 죽습니다. 우리는 이런 상태에서 하나님의 은혜로 새 길을 걷게 되었다는 사실을 잊지 말아야 합니다. 또한, 우리는 하나님의 은혜가 없으면, 언제라도 죄를 섬길 수 있는 존재라는 사실도 기억해야 합니다. 이것은 우리가 항상 하나님의 은혜를 사모하고 은혜 속에 머물러 있어야 함을 말합니다.

둘째, 은혜 안에서 자라야 합니다.

"오직 우리 주 곧 구주 예수 그리스도의 은혜와 그를 아는
지식에서 자라가라"(벧후 3:18).

은혜는 하나님께서 주시는 후한 사랑의 선물입니다. 그래서 은혜 안에서 자라려면 나의 자원이 아닌, 하나님에게서 오는 자원에 의존해야 합니다. 그럼에도 은혜 가운데서 자라는 것을 자신의 외형적인 경건으로 오해하기도 합니다. 그래서 배타적이고 비관용적이며 점점 더 율법주의가 되는 것을 은혜로 착각합니다. 그러나 그리스도의 은혜를 체험하는 것은 예수님을 아는 지식의

성장과 관계된 것입니다. 예수님을 인격적으로 아는 일은 예수님의 신분과 성품과 우리를 위해 행하신 구원 사건의 의미를 모르면 성립될 수 없습니다. 예수님과의 교제는 진공 상태에서 이루어지지 않습니다. 예수님은 "내게 배우라"(마 11:29)고 하셨습니다. 우리는 예수님에게 가서 배울수록 하나님의 은혜 속에서 자라갑니다. 그러나 주님으로부터 배우지 않으면, 하나님의 은혜가 줄어들 수밖에 없습니다.

은혜 안에서 자라는 것은 주로 예수님과의 교제를 통해 그분의 음성을 듣고 성령의 인도를 따르면서 사랑의 길을 터득하는 것입니다. 주님을 묵상하고 그분의 지혜와 안목을 갖는 것이 은혜 속에서 자라는 일입니다. 주님께서 나의 부족을 지적하실 때 회개하고 일어서는 것이 은혜의 능력입니다. 자기 속을 관찰하며 괴로워만 할 것이 아니고, 십자가의 용서와 부활의 능력을 신뢰하고 주의 나라를 위해 전진하는 것이 은혜 가운데서 자라는 것입니다. 주님의 용서와 능력을 믿고 넘어졌을 때 일어나는 것이 은혜의 승리를 체험하는 길입니다. 우리는 이 같은 체험들을 통해서 은혜 가운데 자신이 영적으로 성장하고 있다는 것을 알 수 있습니다.

은혜 속에서 성장하려면, 우리가 죄에 죽었다는 사실과 그리스도 안에 있는 하나님의 사랑에서 우리를 떼어놓을 것이 아무것도 없다는 말씀을 기억해야 합니다(롬 6:2; 8:31-39). 우리는 그리스도 안에 있는 우리의 신분과 위치가 율법이나 죄의 다스림에서 우리를 해방시켰다는 증거임을 명심하고 의연히 하나님께로 나아가야 합니다. 은혜 속에서 자라려면 은혜를 더욱 받아야 하고, 은혜를 받으려면 은혜를 주시는 분 앞으로 더 자주 나아가야 하는 것은 너무도 당연한 일입니다.

> "그러므로 우리는 긍휼하심을 받고 때를 따라 돕는 은혜를 얻기 위하여 은혜의 보좌 앞에 담대히 나아갈 것이니라"(히 4:16).

주님 앞으로 날마다 나아가는 교제는 은혜가 흐르는 통로입니다. 그런데 우리는 은혜 속에서 자라기 전에 먼저 살아나야 합니다. 자라는 것은 모두 살아 있는 생명체입니다. 우리는 과거에는 영적으로 죽은 자들이었습니다. 그러나 우리는 하나님의 사랑과 주 예수의 희생으로 십자가 구원을 받았습니다. 내가 한 것이 아무것도 없었지만, 죄인이었던 나를 주께서 부르시고 죄와 사망과 정죄로부터 구원해 주셨습니다. 우리는 이 놀라운 구원의 확신과 감격 속에서 주 하나님을 더욱 알고 그분의 은혜에 더 젖기 위해서 '은혜의 보좌' 앞으로 담대히 나아갈 때 주님의 은혜를 충만하게 체험합니다.

셋째, 하나님의 은혜를 찬양해야 합니다.

> "이는 그가 사랑하시는 자 안에서 우리에게 거저 주시는 바 그의 은혜의 영광을 찬송하게 하려는 것이라"(엡 1:6).

우리에게 은혜의 체험이 풍성해지려면 하나님의 은혜를 표현할 수 있어야 합니다. 은혜의 표현이 감사와 경배로 표출되면 '은혜의 영광을 찬송'하는 것입니다. 이것이 하나님께서 우리를 구속하여 하나님의 자녀가 되게 하는 한 중요한 목적입니다. 하나님의 은혜에 깊은 고개를 숙이고 감사하면 은혜가 충만해지는 것을 체험합니다. 우선 놀라운 평안이 오고 하나님에 대한 뿌듯한 자부심이 일어납니다. 그리고 천사들과 함께 하나님을 찬양하는 많은 성도의 무리에 자신이 포함되었다는 기쁨이 솟습니다(계 5:11-14).

그렇다면 은혜란 신자의 삶에서 한시라도 제쳐둘 수 없습니다. 그래서 바울은 교회에 보낸 서신마다 은혜와 평강을 기원하였습니다. 우리도 은혜를 더욱 사모하며 기도하고(행 14:26; 20:32) 또한 받은 은혜를 날마다 찬양하는 일을 잊지 말아야 하겠습니다.

하나님께서 주시는 모든 축복이 그렇듯이, 은혜는 이웃에게로 흘러나가야 합니다. 은혜의 나눔은 신령한 축복의 분배입니다. 예를 들어, 복음을 전할 때나 일반 대화에서 "소금으로 맛을 냄과 같이"(골 4:6; 엡 4:29) 하여 듣는 이로 하여금 은혜의 맛이 어떤 것인지를 보여야 합니다. 은혜는 하나님께서 예수님을 통해 드러내신 죄인들을 향한 값없는 호의와 자비입니다. 그리고 십자가의 구속으로 흘러나오는 일체의 축복들이 모두 하나님의 후한 은혜의 선물들입니다. 그러므로 물질의 은혜를 받았다면 가난한 이웃과 나누어야 하고, 다른 종류의 혜택을 입었으면 필요한 자들에게 무상으로 분배해 주어야 합니다. 그래야 다른 사람들도 내가 받은 은혜에 참여하여 하나님을 찬양하게 될 것입니다.

우리는 모두 하나님의 은혜를 역설하는 기념비로써 영원토록 온 피조계에 증인이 될 것입니다. 우리는 사후에도 영원한 세월 동안 하나님의 놀라운 은혜가 어떤 것이었는지를 서로 나누며 증언하는 일에 큰 기쁨과 보람을 느낄 것입니다. 우리의 삶에서 하나님의 은혜를 더욱 갈망하며 풍요한 은혜를 체험하는 일은 나의 인생의 각 페이지를 하나님의 은혜에 대한 간증으로 채우는 일입니다. 그리고 언젠가 우리가 기록한 '은혜의 기념비'로써 주님 앞에서 읽힐 때 천국은 두 배로 더 천국이 되고, 우리의 기쁨은 두 배로 더 충만할 것입니다.

그런데도 은혜를 무서워하는 사람들이 있습니다. 은혜가 죄를 더 짓게 한다고 보기 때문입니다. 그러나 은혜는 나를 가장 나답게 해 줍니다. 내게 조금이라도 경건한 데가 있고 하나님에 대한 사랑이 있다면 은혜가 역사했다는 증거입니다. 은혜는 위대한 신자들을 낳고 빛나는 업적을 남깁니다. 바울은 하나님의 은혜로 대 사도가 되었고 베드로는 주님을 부인한 이후에도 하나님의 은혜를 입고 순교할 수 있었습니다. 예루살렘 교회는 "큰 은혜"(행 4:33)가 그들에게 내렸기에 재산을 팔아 가난한 자들에게 나누어 주었습니다. 스데반도 은혜가 충만했으므로 예수님의 증인이 되었습니다(행 6:8). 하나님의 은혜를 충만하게 체험한 자들은 거룩한 삶을 살기를 힘쓰며 하나님의 나라를 위해 가치 있는 일들을 행합니다.

'은혜 구원'이 우리를 방종과 무책임한 삶으로 인도할까요? 절대 그렇지 않습니다. 하나님의 은혜가 무엇인지를 바르게 배우고 살면, 은혜가 우리를 죄에 죽게 하고 하나님께 대하여 살게 한다는 것을 체험적으로 알 수 있습니다. 우리는 은혜 속에 머물 때쉽게 죄를 짓지 않게 되고, 못된 옛 습관에서 많은 승리를 거두며, 맑은 양심과 거룩한 자세로 인생을 훨씬 더 진지하게 살 수 있습니다. 은혜는 우리를 위선적인 경건과 형식적인 종교 행위로부터 해방하고, 하나님을 기쁘게 해 드리는 거룩한 삶으로 인도합니다(딛 2:11-13).

은혜 구원을 받은 자들은 무엇보다도 자신의 무기력을 인정하고 자신이 어떤 상태로부터 구원을 받았는지를 잊지 않기에 하나님을 종신토록 찬양합니다(눅 1:75). 그들은 은혜로 체험할 수 있는 하나님의 여러 축복에 미치지 못하는 일이 없도록 마음의 쓴 뿌리나 자신을 더럽히는 일을 삼갑니다(히 12:15). 그들은 은혜 가운데 계속 머물기를 원하며(행 13:43) 은혜 안에서 강하고 담대하게 고난을 견디면서 복음을 증언하기를 기뻐합니다(딤후 2:1-3). 은혜 구원은 우리를 방종의 길로 인도하지 않습니다. 은혜 구원은 십자가로 확인된 하나님의 크신 사랑을 신뢰하고 은혜의 보좌로 나아가는 길을 따라갑니다.

은혜는 죄로 인도하지 않습니다. 은혜는 복음을 싸구려로 만들지 않습니다. 은혜는 오히려 복음을 높이고 하나님의 크신 사랑을 자랑합니다. 하나님의 은혜를 신뢰하면 자신들을 주님께 더욱 맡길 수 있습니다(벧전 5:10). 은혜를 믿으면 하나님의 용서를 쉽게 받습니다. 은혜에 의지하면 곁길로 빠졌다가도 다시 정로로 돌아옵니다. 은혜는 죄책감과 낮은 자존심으로 흔들리는 허약한 신자의 무릎에 힘을 실어 주고, 방향을 잃고 당황하는 신자에게 목표를 보여 주며 마음을 놓게 합니다. 은혜 구원이 복음을 약화하고 오용할까요? 성경의 가르침을 제대로 전달하지 않거나 복음을 왜곡한 경우에는 그럴 수 있습니다(롬 6:1, 15; 고후 6:1). 만약 하나님의 은혜를 오용하는 일이 있다면, 은혜로 받는 구원이 어떤 것인지를 더욱더 분명히 가르쳐야 합니다. 베드로는 "이것이 하나님의 참된 은혜임을 증언하노니 너희는 이 은혜에 굳게 서라"(벧전 5:12)고 명령하였습니다. 나는 "이 은혜"가 무엇인지를 알고 그 안에 굳게 서 있습니까?

4장

자라가는 교회의 모습
데살로니가후서 1:2-4

"하나님 아버지와 주 예수 그리스도로부터 은혜와 평강이
너희에게 있을지어다."(살후 1:2)

바울은 인사말에서 은혜와 평강을 기원합니다. 이것은 형식적
인 인사가 아니고 신학적인 의미를 담고 있는 매우 중요한 문안
입니다. 은혜가 하나님께서 자격이 없는 죄인들에게 내리시는 구
원의 축복이라면, 평강은 예수 그리스도를 믿음으로써 받는 구원
의 한 결과라고 할 수 있습니다.

자라가는 교회는 평강을 누립니다.

사람들은 평강이라고 하면 일반적으로 스트레스가 없는 삶을
생각합니다. 경제적인 여유가 있고 심리적으로 눌리거나 불안한

것이 없이 마음이 편한 것을 평강하다고 말합니다. 평강이라는 원문의 뜻은 전쟁이나 분열이 없다는 의미이므로 평화(peace)라고 번역될 수 있습니다. 그러나 바울은 이러한 보편적인 의미 이상의 뜻을 담아 이 말을 사용하였습니다. 바울이 말하는 평강은 일상적인 의미에서 이것저것 생활에 대한 염려가 없으므로 오는 것이 아니고, 예수님의 구원으로 궁극적인 인생 문제가 해결되었기 때문에 오는 안식입니다.

인간은 불순종과 배역으로 하나님의 진노의 대상이 되었기에 죽음의 정죄를 받은 가련한 존재입니다(엡 2:1-3; 롬 6:23). 그래서 "세상에서 소망이 없고 하나님도 없는 자"(엡 2:12)가 되었습니다. 그러나 예수 그리스도의 대속을 믿는 신자들에게는 평화가 무상의 은혜로 내립니다. 이 평화는 하나님과 깨어진 관계가 회복되고 하나님으로부터 새 생명을 받아 "허물과 죄로 죽었던"(엡 2:1) 사람이 새롭게 살아나는 것입니다. 또한, 하나님의 용서를 체험한 신자들은 육신이 죽은 이후에도 예수님의 재림 때 부활하여 영원한 하나님 나라에 참여하게 됩니다.

이것이 바울이 데살로니가 교회에 기원한 평강의 배경입니다. 그러니까 평강은 세상살이가 편안하다는 의미가 아닙니다. 데살로니가 교회의 삶은 절대 평탄하지 않았습니다. 그들은 복음 때문에 박해를 받았고 경제적으로 쪼들렸습니다. 바울은 고린도 교회에 보낸 서신에서 데살로니가 교회를 포함한 마게도냐 교회들이 극심한 가난과 많은 환난을 겪었다고 했습니다(고후 8:2).

신자의 평강은 경제적으로 걱정이 없거나 괴로운 일이 없어야만 누리는 것이 아닙니다. 신자는 하나님과 화해가 되고 죄의 용서로 하나님의 진노에서 구출되어 하나님 나라의 백성이 되었습니다. 그래서 신자는 정죄와 사망의 저주에서 풀려나 하나님을 경배하며 그분의 뜻에 따라 믿음으로 새 삶을 삽니다. 하나님께서는 신자들이 복음 때문에 세상에서 당하는 온갖 불의를 마지막 날에 갚아 주신다고 약속하셨습니다. 그래서 신자는 역경 속에서도 평안을 누릴 수 있습니다. 바울은 데살로니가 교회가 그러한 하나님의 평안을 계속해서 누리도록 기원하였습니다.

성도의 삶은 구원의 은혜를 받고 평안을 체험하는 삶이라고 할 수 있습니다. 바울이 기원하는 평안은 메시아 시대의 축복들을 대변합니다(요 20:19, 21). 1세기 로마 제국의 평화는 무력으로 성취하고 유지한 정치적이고 사회적인 안정이었습니다. 세상이 주는 평화는 그 이상을 넘어가지 못합니다. 그러나 인간의 궁극적인 평안은 인간의 힘으로 얻을 수 없습니다. 하나님께서 보내신 메시아만이 역경과 고난에도 불구하고 환경을 초월하는 영구적인 평안을 줍니다. 예수님은 두려워하는 제자들에게 말씀하셨습니다.

"평안을 너희에게 끼치노라 곧 나의 평안을 너희에게 주노라 내가 너희에게 주는 것은 세상이 주는 것과 같지 아니하니라 너희는 마음에 근심하지도 말고 두려워하지도 말라"(요 14:27).

예수님이 주시는 평안은 세상이 줄 수 없는 평안입니다. 세상의 누구도 하나님의 아들로서 보냄을 받고 십자가에서 우리 대신 형벌을 받지 않았습니다. 그 어떤 사람도 우리에게 새 생명을 주기 위해 죽었다가 부활하지 않았습니다. 예수님이 주시는 평안은 십자가 구원과 부활로 성취된 것이기에 유일무이한 것입니다.

샬롬(평안)은 하나님 나라의 모든 축복을 총칭합니다. 이 평안은 주님을 믿는 순간부터 받습니다. 그러나 주님의 평안은 우리 편에서 누려야 합니다. 바울이 평강을 기원한 것은 축도 자체로서 샬롬을 체험할 수 있다는 뜻이 아닙니다. 그는 데살로니가 교인들이 샬롬을 풍성히 체험하기 위해서 주님을 더욱 신뢰하며 성령의 다스림에 순복하기를 기원하였습니다. 바울은 유사한 의미에서 빌립보 교인들에게 주님 안에서 항상 기뻐하고 관용을 드러내며 감사하는 마음으로 하나님께 기도할 때 평강이 임한다고 가르쳤습니다(빌 4:4-7).

그럼 무엇이 이런 축도를 받게 하였을까요? 무엇보다도 바울의 수신 독자들은 하나님의 아들이신 예수 그리스도의 피로써 구속된 자들이었습니다. 하나님께서는 이제 그들을 원수가 아닌 자녀로 대하십니다. 신자들은 모든 죄를 용서받고 하나님과 완전히 화해되었으므로 주님이 주시는 평안을 마음껏 누릴 수 있는 위치에 있습니다. 자녀들이 부모의 축복으로 살듯이, 신자들도 하나님의 축복으로 필요한 모든 것들을 누립니다. 그래서 바울은 교인들이 받은 십자가의 구원에 근거해서 평강을 기원하였습니다.

그리스도의 구원을 체험하지 못한 자들이 호의로 축원하는 것은 아무 근거도 없고 효과도 없습니다. 잘되라고 복을 빌어 주는 것은 선의의 표현이지 보장할 수 있는 복이 아닙니다. 그러나 예수님이 하나님의 사랑의 뜻에 따라 십자가로 구속한 교회는 하나님과 관계가 회복되었기에 평안을 보장받습니다.

그런데 하나님의 평강을 체험하려면 내 편에서 할 일이 있습니다. 즉, 예수 그리스도의 신실한 인격과 대속적인 사역을 믿고 하나님과 개인적인 관계를 유지하면서 복음의 가르침을 따라야 합니다. 예수님은 하나님의 은혜의 절정으로서 참된 평강을 주시는 분입니다(요 14:27; 엡 2:14-18; 롬 5:1; 사 9:6). 우리가 예수 그리스도 안에서 서로 평강을 빌어 주는 것은 단순한 기원이 아니라, 십자가의 구원이 주는 복을 상기시키며 주님께 우리의 충성을 보일 것을 촉구하는 일입니다.

주님은 우리에게 평안을 주기 위해서 십자가와 부활로 악한 세상을 이기셨습니다(요 16:33). 그러므로 우리의 삶에서 평안이 부족한 곳이 있다면 하나님께 간절히 구해야 하고, 주님의 평안을 막는 불편한 양심이 있으면 죄를 고백해야 합니다. 그리고 주님의 평안의 의미를 충분히 깨닫지 못하여 이를 누리지 못하는 경우라면 성령의 도우심을 구하며 복음을 새롭게 깨닫도록 힘써야 합니다. 평안의 의미는 고통과 고난이 없다는 뜻이 아닙니다. 그러나 환난 속에서도 주님이 주시는 평안은 세상의 일시적인 평강과 비교할 수 없는 차원의 안식입니다. 성장하는 교회의 한 특징은 주님의 평강을 누리는 것입니다. 역으로 말하면, 주님의 성품과 복음의 진리를 잘 따르지 않는 교회는 하나님의 평강을 체험하지 못하므로 성장하는 교회가 아닙니다. 교회 성장의 한 잣대는 샬롬의 체험이 있는지의 여부입니다.

자라나는 교회는 믿음과 사랑과 인내가 풍성합니다.

"형제들아 우리가 너희를 위하여 항상 하나님께 감사할지니 이것이 당연함은 너희의 믿음이 더욱 자라고 너희가 각기 서로 사랑함이 풍성함이니 그러므로 너희가 견디고 있는 모든 박해와 환난 중에서 너희 인내와 믿음으로 말미암아 하나님의 여러 교회에서 우리가 친히 자랑하노라"
(살후 1:3-4).

바울은 데살로니가 교회에 대해서 감사할 일이 많았습니다. 그런데 바울의 감사 기도의 내용을 보면 우리의 감사 기도와 사뭇 달라서 일종의 소원감(疏遠感)을 느낍니다. 우리는 주로 무엇을 놓고 감사합니까? 감사의 내용이 무엇에 초점을 두고 있습니까? 내 문제를 하나님께서 해결해 주셨기 때문에 감사하다는 것이 대종을 이루고 있지 않습니까? 우리가 다른 형제자매로 인해서 감사 기도를 드린다면 어떤 것들이 있겠습니까? 질병에서 나았다든지, 어렵던 사업이 펴지기 시작한다든지, 직장을 구했다든지, 자녀가 좋은 학교에 입학했다든지, 기타 자녀의 결혼, 출산, 진급

등 생활과 관련해서 원하던 일들이 성취된 것을 감사의 소재로 떠올릴 것입니다. 물론 이런 감사가 잘못되었다는 말은 아닙니다. 우리는 크고 작은 일에서 하나님께 영광을 돌리며 감사할 수 있어야 합니다. 그러나 감사할 수 있는 주제가 고작 내 일이나 형제자매의 일이 잘 풀리는 것에 그친다면, 내 영성의 수준이 그리 높지 않다는 뜻입니다.

그럼 바울은 무엇을 제일 감사했을까요?

바울은 빌립보 교인들에게 모든 일에서 감사하는 마음으로 주께 아뢰라고 했습니다(빌 4:6). 바울도 빌립보 교회로부터 후원금을 받고 감사하였고(빌 4:18), 에바브로디도가 병들어 죽게 되었다가 회복되자 크게 기뻐하며 감사하였습니다(빌 2:25-27). 그런데 바울이 각 교회에 편지를 쓸 때마다 첫 마디에서 감사한 것이 무엇이었는지 주목하십시오. 모두 교인들의 믿음에 대한 것이었습니다.

로마 교회: 그들의 믿음이 널리 전파된 것을 감사하였습니다(롬 1:8).

고린도 교회: 그들에게 그리스도의 복음이 전파되고 이를 확실히 깨닫는 은혜를 감사했습니다. 또한, 그들이 재림을 기다린다고 해서 감사했습니다(고전 1:6-7).

에베소 교회: 그들의 믿음과 성도를 향한 사랑을 감사했습니다(엡 1:15)

빌립보 교회: 첫날부터 이제까지 복음 사역에 참여하고 있음을

감사했습니다(빌 1:5)

골로새 교회: 그들의 믿음과 모든 성도에 대한 사랑과 복음을 깨달은 것을 감사했습니다(골 1:3-6).

데살로니가 교회: 믿음과 사랑의 수고와 소망의 인내와 성장을 감사하였습니다(살전 1:2-3; 살후 1:3)

바울은 개별 신자에 대해서 하나님께 감사드릴 때도 교회에 대한 기도 제목과 같았습니다. 예를 들어, 빌레몬에게 사랑과 믿음이 있음을 감사하였고(몬 1:1-7), 디모데의 순수한 믿음도 하나님께 감사하였습니다(딤후 1:3-5). 그는 자신에 대해서도 하나님께서 주신 복음 전파의 소명과 함께 복음 진리에 대한 믿음과 그리스도와 이웃에 대한 사랑이 풍성한 것을 감사하였습니다(딤전 1:14). 또한, 하나님께서 자기에게 주신 은사(고전 14:18; 고후 9:15)와 복음을 증거하면서 체험하는 승리의 삶을 감사하였습니다(고전 15:57; 고후 2:14).

그는 자신뿐만 아니라 다른 성도들에 대해서 감사할 때도 제일 먼저 떠올린 것이 복음과 관련된 일들이었습니다. 그는 신자들이 죄의 종으로 있다가 복음을 듣고 의의 종이 된 것을 감사하였으며(살후 2:13; 롬 6:17), 그들에게 유업이 있는 것(골 1:12)과 환난 중에도 믿음을 지키는 것을 무한히 감사하였습니다(살전 3:7-9). 바울이 하나님에게 항상 감사한 것은 복음 사역의 진보와 성도들의 성숙이었습니다. 이것은 우리에게 큰 교훈을 줍니다.

우리가 우선적으로 항상 감사하는 것이 있다면 무엇입니까?

먼저 확인해 보아야 할 것은 우리가 바울처럼 자나 깨나 감사하는 것이 있느냐는 것입니다. 교인인데도 감사할 일이 없다면 말이 되지 않습니다. 적어도 은혜로 거저 받은 구원에 대해서 날마다 감사 기도를 드릴 수 있어야 합니다. 그런데 감사거리를 특별히 좋은 일이 생기는 것에만 한정시킨다면 감사의 소재는 그리 많지 않을 것입니다.

교회에 감사헌금이 있습니다. 그리 오래된 이야기는 아니지만, 대부분의 우리나라 교회에서 예배 때 헌금을 걷고 나면 목사님이 헌금하신 분들의 이름을 대면서 간단히 기도해 주었습니다. 그때 특별히 십일조와 감사헌금 하신 분들의 이름을 거명하였습니다. 감사헌금의 경우에는, 대부분 봉투에 감사의 이유를 적었기 때문에 목사님이 그 내용을 읽었습니다. 그런데 감사 이유를 들어보면 대부분이 원하던 일을 잘되게 해 주셨다는 것이었습니다. 주로 물질적인 것들을 중심으로 결혼, 입학, 출생, 승진, 치유, 사업 등등의 소원이 성취된 것을 감사하였습니다. 그런데 그중에서 바울이 한 것과 같은 감사 제목은 하나도 들어본 기억이 없습니다.

우리는 왜 바울이 올린 감사의 주제에는 관심이 적을까요? 감사의 초점이 하나님과 그의 복음이 아니고, 나 자신에게 집중되었기 때문입니다. 다른 성도들을 위해서 기도할 때도 그들의 영적 성장에 대한 감사를 올려야 합니다. 그저 모든 일이 형통하게 해 달라고 빌 것이 아니고, 믿음과 사랑이 많아져서 복음의 빛이 되고 하나님과 이웃을 잘 섬기게 해 달라고 간구해야 합니다.

우리는 중보 기도를 상대방의 어려움 해소나 여러 가지 소원을 이루게 해 달라는 간청으로 생각할지 모릅니다. 물론 어려운 문제를 위해서 하나님께 필요를 알려야 합니다. 그러나 단순히 잘 되게 해 달라는 것으로 그칠 것이 아니고, 하나님 나라와 복음의 진보를 위해 하나님께 영광이 되는 방향으로 연결되어야 합니다. 주기도문의 우선순위를 생각해 보십시오. 일용할 양식을 위한 기도를 하기 전에 주의 이름이 거룩히 여김을 받고 주의 나라가 임하며 주의 뜻이 이루어지게 해 달라고 하지 않았습니까? 주기도문을 달달 외우기만 할 것이 아니라 주기도문의 기도 순서를 유념해야 합니다.

우리가 항상 올려야 할 기도 제목은 하나님의 구원과 복음이어야 하고, 항상 감사하고 간구해야 하는 것도 교회가 믿음과 사랑과 인내로 자라는 것이어야 합니다. 교회나 개인이 이런 우선순위를 따르지 않고 순전히 자기중심적인 혜택에만 마음이 쏠려 있으면 그리스도 안에서 자랄 수 없습니다. 늘 생각하는 것이 어떻게 하면 돈을 많이 벌 것인가, 어떻게 하면 내 자식이 잘될 것인가, 어떻게 하면 내가 편하게 살 것인가 등등의 끝 없는 염려와 궁리로 채워진다면 믿음이 튼실해질 수 없고 심령에 안식도 없습니다.

이런 식의 기도만 올리면 하나님께 기도하면서도 하나님은 생각하지 않습니다. 하나님께서 내 삶에서 원하시는 것이 무엇인지에 대해서는 관심이 없고, 복음의 가치관으로 사는 것이 무엇인지조차 감을 잡지 못합니다. 그저 조금만 어려움이 있으면 불안해하고 자기 문제만 잔뜩 끌어안고 하나님 앞에 나와서 주여, 주여 한다면 어린아이의 수준에 계속 머물러 있는 셈입니다. 여러 해가 지나도 자기중심적인 욕심 기도의 틀을 벗어나지 못하면 하나님을 바르게 경배할 수 없습니다. 교회를 아무리 다녀도 믿음과 사랑이 깊어지지 않고 복음의 이해에 진전이 없는데 어떻게 바울이 올리는 감사 기도를 할 수 있겠습니까?

많은 세월을 하나님을 믿는다고 하면서도 성경에 따른 감사 기도 한 번 제대로 올리지 못한 채 하나님의 일보다는 자기 일에 평생이 묶여서 산다면 반성해야 합니다. 그런 식의 신앙생활을 하면 비록 사도 바울이 내 곁에 있더라도, 나로 인해 하나님께 감사할 수 없을 것입니다. 다른 성도들이 나를 위해서 기도할 때 나의 믿음과 사랑이 많은 것을 감사하고 환난 중에서 인내하는 것을 놓고 하나님을 찬양할 수 있어야 하겠습니다.

우리는 예수님이 대제사장으로서 우리를 위해 중보 기도를 하신다는 사실을 믿습니다(히 7:25). 그렇다면 주님께서 우리에 대해서 하늘 아버지께 감사를 올릴 소재가 있어야 할 것입니다. 나는 주께서 나의 어떤 점을 놓고 감사하시기를 원합니까? 주께서 내가 잘 먹고 잘살기 때문에 하늘 아버지께 감사하실까요? 내가 좋은 학교를 나오고 고수입의 직장을 다니거나 사업에 성공했기 때문에 하나님을 찬양하실까요? 내 자식들이 잘되었기 때문에 주님이 하나님 앞에서 항상 감사하실까요?

주님이 세상에 계실 때 제자들의 어떤 점들을 놓고 하늘 아버지께 감사하셨는지를 생각해 보십시오. 예수님은 제자들이 주님께서 하나님의 보내심을 받은 분임을 믿었으므로 감사하셨습니다(요 17:6-8, 25). 우리가 주님을 바르게 알지 못하면 바른 기도를 올릴 수 없습니다. 주님 앞에 무슨 주제를 들고 나가서 어떻게 기도하는지를 보면, 기도자가 주님을 어떤 분으로 알고 있는지를 확인할 수 있습니다.

사도 바울이 성령의 감동으로 각 교회에 편지할 때 왜 제일 먼저 복음과 성도의 믿음 생활에 관한 것을 감사하며 기원했을까요? 그것들이 신앙생활의 우선순위이기 때문입니다. 왜 우선순위가 되어야 합니까? 가장 중요하기 때문입니다. 아무리 나와 내 교회가 세상의 수준으로 볼 때, 잘 되고 있어도 믿음과 사랑이 풍성하지 못하고 복음의 소망에 대해서 인내하는 것이 없으면 자라가는 교회가 아닙니다. 주께서 우리에게 원하시는 것은 데살로니가 교회처럼 믿음이 자라고 사랑이 많아지며 환난 속에서 인내하면서 복음을 더욱 깨달아 가는 모습입니다. 주님은 우리에게 이런 은혜가 풍성하므로 하늘 아버지께 감사드리기를 원하십니다.

주님께서는 분명 사도 바울이 데살로니가 교회의 믿음과 사랑과 인내를 두고 감사하는 기도를 들으셨습니다. 주님은 분명 하늘 아버지와 함께 기뻐하셨을 것입니다. 우리는 이런 기쁨을 주님께 드리고 있습니까? 바울의 감사거리가 우리의 감사거리가 되어야 합니다. 바울의 감사의 소재가 우리의 신앙생활에서 나타나야만, 하나님으로부터 은혜와 평강이 충만하게 내리고 있음을 확인할 수 있습니다.

바울은 우리가 항상 주님께 감사하는 마음으로 살아야 한다고 가르칩니다(살전 5:18). 그렇다면 하나님의 크고 놀라운 구원과 이를 이루어 가시는 하나님의 능력과 섭리를 더 많이 감사해야 할 것입니다. 그리고 형제자매들의 믿음이 깊어지고 사랑이 많아지도록 날마다 간절히 기도해야 하고, 성령과 복음의 진리로 인내하며 승리하는 삶을 찬양해야 합니다.

나에게 좋은 일이 일어나지 않아도 하나님께 감사드릴 것이 많아야 정상입니다. 나 자신을 중심으로 해서 보면 감사할 일이 적을지 모릅니다. 그러나 시선을 돌려 주 예수를 바라보고 그분의 놀라운 구원의 은혜와 복음의 진리를 찬양해 보십시오. 다른 성도들을 위한 기도에서도 그들의 시련이 주님을 더욱 신뢰하고 주의 뜻을 더욱 가깝게 따르는 계기가 되도록 기도해 보십시오. 그러면 바울의 축도가 나의 축도가 되고, 바울의 감사가 나의 감사가 될 것입니다. 자라가는 교회는 이런 기도와 응답이 많은 교회입니다.

항상 감사하려면 어떻게 해야 할까요?

바울은 "범사에 감사하라"(살전 5:18)고 가르쳤을 뿐만 아니라 자신이 "항상 하나님께 감사"(살전 1:2; 1:3)한다고 고백하였습니다.

우리는 이런 말을 들으면 도무지 실감이 나지 않습니다. 어떻게 하길래 범사에 감사하고 항상 감사할 수 있단 말일까요? 이것은 억지로 될 일이 아닙니다. 우리의 경우는 어떻습니까? 잠깐 올리는 식기도를 빼놓는다면 하루 중에 한 번도 감사하지 않는 날들이 하루 이틀이겠습니까? 바울은 진공상태에서 감사하라고 권면하지 않았습니다. 그는 신자들이 항상 감사해야 하고 또 범사에 감사할 수 있는 이유를 언급하였습니다.

첫째, 복음이 얼마나 좋은 것인지를 깨달아야 합니다.
"측량할 수 없는 그리스도의 풍성함"(엡 3:8)이 무엇을 의미하는지를 모르면 하나님께 항상 감사할 수 없습니다. 그러나 복음의 핵심인 십자가와 부활의 의미를 잘 깨달으면 늘 감사하게 됩니다. 복음은 알수록 하나님을 더욱 우러러보게 합니다. 복음을 통해 드러난 하나님의 사랑과 능력은 배울수록 나의 심령을 뜨겁게 하고 주님을 따라 살고 싶은 열망을 일으킵니다. 이것이 우리가 성경을 배울 때 체험할 수 있는 성령의 능력입니다. 그래서 주님을 자주자주 생각하게 되고 하나님의 크나큰 구원을 묵상하게 되므로 항상 감사하는 일이 가능합니다. 주님의 구원을 찬양하며 감사하는 것으로 기도를 시작해 보십시오. 바울처럼 하나님의 구원에 초점을 맞추면 감사하는 일이 자연스러운 기도의 패턴이 될 것입니다.

둘째, 자신이 어디까지 내려갔다가 구원을 받았는지를 절실하게 느껴야 합니다.

바울은 자신을 "죄인 중에 내가 죄수니라"(딤전 1:15)고 했습니다. 자신의 죄가 심히 크다는 것을 고백하며 아무런 자격이 없음에도 구원의 은혜를 받는 것을 감사해야 합니다. 자신의 죄악 됨을 크게 깨닫고 인정하지 않으면, 하나님께 항상 감사할 정도로 마음이 움직이지 않습니다. 나의 많은 실족에도 불구하고 주께서 용서하시고 계속 사랑하신다는 사실을 늘 기억한다면 날마다 감사하게 될 것입니다.

셋째, 다른 사람들을 위한 중보 기도를 꾸준히 올려야 합니다.
중보 기도에 전문가가 따로 있다고 생각해서는 안 됩니다. 아무것도 안 하고 기도만 하는 것은 정상적인 신자의 삶이 아닙니다. 주님은 그렇게 사시지 않았습니다. 사도 바울도 자신의 모범을 닮으라고 했는데 다른 일을 다 제쳐놓고 기도만 하지 않았습니다(고전 4:16; 빌 3:17). 타인을 위한 기도는 누구나 할 수 있습니다. 사도 바울은 자신을 위해서 기도 부탁을 할 때 중보 기도 전문가를 찾아가지도 않았고 소위 말하는 '신령한 하나님의 종들'에게 의존하지도 않았습니다. 놀랍게도 그는 개척한 지 1년도 채 되지 않은 데살로니가 교회에 자기와 동역 선교사들을 위해 기도 부탁을 하였습니다(살전 5:25; 비교. 살후 3:1). 중보 기도는 주님을 믿는 신자라면 신앙생활의 길이에 상관없이 누구도 할 수 있어야 합니다.

그런데 과연 무엇을 위해 기도해야 할까요? 상대방의 영적 필요를 놓고 기도해야 합니다. 실제로 필요한 다른 것들이 있을지라도 먼저 하나님의 복음과 십자가의 사랑을 찬양하면서 믿음과 사랑과 인내가 풍성하기를 기도해야 합니다. 꼭 해결해야 할 문제를 놓고 기도할 때도 항상 복음과 연관을 짓는 방향으로 기도하는 습관을 갖는 것이 좋습니다. 상대방이 역경을 통해서 주님을 더욱 신뢰하고 성령의 인도를 받도록 간구하십시오.

기도를 적게 하면 응답의 체험도 적습니다. 중보 기도를 하면 다른 사람의 기도 응답이 있기에 그만큼 하나님께 감사의 소재가 늘어납니다. 나의 문제로만 감사하려고 하지 말고 다른 사람들의 문제로 하나님께 감사하려고 해 보십시오. 내 문제만 가지고 기도하여 응답을 받는 일보다 다른 사람들을 위한 기도까지 합하여 응답을 받으면 그만큼 나의 감사 기도는 풍성해집니다. 이것이야말고 이웃 사랑을 실천하는 비이기적인 기도의 삶입니다. 이렇게 할 때, 우리는 적어도 기도에 관한 한, 바울의 모범을 따르는 자들이 되어 하나님을 기쁘게 해 드립니다. 하나님께서 듣고 기뻐하시는 기도를 하도록 힘써야 하겠습니다.

잘 자라려면 어떻게 해야 할까요?

"너희의 믿음이 더욱 자라고"(살후 1:3).

바울은 데살로니가 교인들의 믿음이 크게 성장한 것을 감사했습니다. 본 서신에서 '더욱'은 바울의 키워드의 하나입니다(참조. 살전 4:10). 바울은 데살로니가전서에서 그들의 믿음이 부족한 부분이 있다고 하면서 돕기를 간절히 원하였습니다(살전 3:10). 여기서 언급된 믿음은 예수 그리스도를 구주로 처음 믿는 것이 아니고, 복음의 진리를 아는 일에서 더 배워야 할 것들이 있다는 말씀입니다. 그런데 바울이 본 서신을 쓸 때는 데살로니가 교인들의 믿음이 많이 보완되고 넓혀졌다고 했습니다. 데살로니가전서 이후에 데살로니가후서가 쓰인 것은 불과 1–2년 정도였는데 그 사이에 큰 진보를 하였습니다. 사도 바울이 없었음에도 교인들이 더 많은 믿음의 진보를 할 수 있었다는 것은 놀라운 일입니다. 그 비결은 무엇이었을까요?

그들은 성령의 조명으로 하나님의 가르침을 받으며 서로 사랑했습니다(살전 4:9). 더욱 알기를 원하고 더욱 사랑하면서 주님을 섬기면 큰 복을 받습니다. 주께서는 시련 속에서도 믿음이 성장하게 하시고 사랑이 넘치게 하십니다. 주님은 복음의 진리를 더 알고 싶어 하는 자들에게는 어떤 통로를 통해서도 길을 열어 주십니다. 데살로니가 교회는 복음을 간절히 더 원하였습니다. 그랬더니 하나님께서 디모데를 보내어 복음을 더 듣게 하시고 믿음이 더욱 굳건해지게 하셨습니다(살전 3:2).

가만히 앉아 있기만 하면 말씀의 은혜가 넘칠 수 없습니다. 간절히 진리를 열망하며 찾고 구해야 합니다. 우리는 "더욱" 자라는 자들이어야 합니다. 모든 생명체가 자라듯이, 그리스도 안에서 새로 태어난 신자들도 자라야 정상입니다. 교회나 개별 신자의 신앙 문제는 복음의 진리 안에서 자라지 않기 때문에 해결되지 못하는 경우가 대부분입니다.

믿음의 성장은 자연적으로 오지 않습니다. 집에서 화초 하나만 길러 보아도 저절로 자라지 않는다는 것을 알 수 있습니다. 식물도 햇볕과 수분과 거름이 있어야 잘 자랄 수 있듯이, 영적 성장도 하나님의 말씀과 시련과 기도를 통해서 자랍니다. 제일 중요한 것은 복음을 바르게 배우고 듣는 것입니다. 설교는 하나님께서 회중의 양육을 위해 사용하시는 가장 중요한 수단입니다. 성경을 잘 공부하고 깨달은 목회자가 성령의 능력으로 강해하는 말씀을 매주 듣는 것은 믿음의 성장에 필수적인 요소입니다. 그래서 교회를 정하거나 소개할 때는 반드시 강단 메시지의 질을 중시해야 합니다.

그다음 시련을 당할 때 담대하면 크게 성장할 수 있습니다. 시련을 받는 것 자체가 믿음을 더 강하게 하지는 않습니다. 어려움을 겪으면 믿음이 오히려 떨어지는 사람도 있습니다. 복음을 잘 몰라서 두려워만 하고 하나님을 의존하지 않으면, 시련이 믿음의 성장에 아무 도움이 되지 않습니다. 믿음은 시련에 대항하여 도전을 받을 때 자랍니다. 위기를 만나면 자신에게 믿음이 전혀 없다고 느낄 수 있습니다. 그래서 처음에는 아무것도 할 수 없다고 생각합니다. 그러나 우리가 하나님의 약속을 신뢰하고 일어서면 하나님께서 함께하신다는 것을 체험합니다. 주님을 위해서 어떤 일을 해야 할 경우에도 기회를 담대히 잡으면 힘을 얻습니다. 하나님의 능력과 도우심을 실제로 경험해 보면 믿음이 더욱 생깁니다. 그래서 다음의 시련이나 도전에 훨씬 더 담대할 수 있습니다.

시련 속에서 지금까지 배운 복음의 진리와 하나님에 대한 가르침을 상기하면서 하나님의 길이라고 판단되는 방향으로 나아가도록 하십시오. 믿음이 자라지 않는 이유의 하나는 하나님을 위해서 아무런 도전도 받지 않고 아무것도 해보지 않는 것입니다.

시련은 우리를 끌어내리려고 오는 것이 아니고, 믿음의 수치를 높여 주기 위한 기회를 제공하기 위해 하나님께서 허락하시는 것입니다. 그래서 시련을 은혜의 기회로 삼아야 합니다. 시련과 환난을 통해서 하나님의 능력과 선하심을 맛보고 나면, 믿음 생활에 담력이 생기고 훨씬 활기찬 삶을 살 수 있습니다.

믿음의 성장에 빼어놓을 수 없는 또 하나의 요소는 기도입니다. 기도는 혼자서만 하는 것이 아닙니다. 기도는 교회 공동체가 모두 합심하여 올려야 합니다. 물론 개인 기도도 해야 하지만 성도들끼리 서로의 믿음과 영적 성장을 위해서 기도해 주어야 합니다. 바울은 데살로니가 교회를 위해서 끊임없이 기도하였고 또한 그의 선교 사역을 위해서 데살로니가 교회의 기도 지원을 받았습니다. 믿음뿐만 아니라 사랑도 "더욱 많아 넘치게"(살전 3:12) 되려면 기도를 생략할 수 없습니다. 바울은 데살로니가 교회의 믿음과 사랑의 성숙을 위해 기도하였고 응답을 받았습니다.

교회가 영적으로 미성숙한 원인의 하나는 하나님께 청하지 않기 때문입니다. 교회 기도 모임에서 기도하는 주제들을 떠올려

보십시오. 정말 필요하고 중요한 것은 믿음과 사랑의 증대인데 이를 위해서 얼마나 기도하는지 반성해 보십시오. 기도 모임에서 여러 기도 제목이 있을지라도, 성도들의 믿음이 깊어지기를 먼저 청해야 합니다. 주님을 신뢰하는 믿음은 모든 일의 바탕이 되어야 하기 때문입니다. 또한, 성도들 사이의 사랑과 시련을 견디는 인내가 풍성하도록 기도해야 합니다. 이러한 것들이 복음적인 기도의 우선적인 내용입니다. 믿음은 우리가 복음의 능력을 확신하므로 시련 앞에서 당황하지 않고 하나님 앞에 의연히 머리를 조아릴 때 더욱 자랍니다.

우리는 하나님의 말씀을 들으면서 시련과 기도 속에서 성숙해 가야 합니다. 믿음과 사랑은 이러한 신앙생활을 위한 받침대입니다. 데살로니가 교회는 믿음뿐만 아니고 서로의 사랑도 풍성하였습니다(1:3). 성도의 삶은 믿음의 씨앗으로 시작되고 사랑의 꽃으로 마무리됩니다. 참믿음이 있는 곳에는 참사랑이 있습니다. 믿음과 사랑이 있는 곳은 하나님의 은혜가 내린 곳입니다. 데살로니가 교인들은 이교도들의 호전적인 환경 속에서 복음을 믿었고 시련 속에서 서로의 사랑을 늘려 갔습니다. 이것은 하나님의 놀랍고 풍성한 은혜만이 할 수 있는 일입니다. 바울은 데살로니가 교회의 넘치는 믿음과 사랑을 칭찬하며 감사하였습니다. 우리도 더욱 풍요해지는 믿음과 사랑의 사람들이 되어야 하겠습니다. 이것이 주님의 자녀들로서 우리가 가져야 할 가장 시급한 목표입니다.

믿음과 사랑이 많을수록 하나님께서 우리를 기뻐하십니다. 비록 인생살이에서 오는 여러 시련과 힘든 일들이 생겨도 하나님께서 우리를 기뻐하신다는 사실을 알면 큰 위로가 됩니다. 믿음과 사랑에 뿌리를 둔 성도들이 함께 교제를 나누면, 어려움이 올 때 훨씬 잘 견딜 수 있습니다. 이것이 강한 교회이며 큰 교회입니다. 우리는 어떤 교회를 이루어가고 있습니까?

5장
너희를 자랑하노라
데살로니가후서 1:4-9

"그러므로 너희가 견디고 있는 모든 박해와 환난 중에서
너희 인내와 믿음으로 말미암아 하나님의 여러 교회에서
우리가 친히 자랑하노라"(살후 1:4).

바울은 데살로니가 교회의 교인들이 고난 속에서 믿음으로 인
내하며 서로 사랑한다고 칭찬하면서 다른 여러 교회에서 자랑하
였습니다. 바울은 시련을 매우 긍정적으로 묘사합니다. 우리 같
으면 누가 고난 가운데 있다고 하면 동정을 하고 속히 시련이 없
어지기를 원할 것입니다.

우리는 성도가 겪는 시련을 부정적으로 보는 경향이 있습니
다. 그래서 시련이 없어지는 데에 초점을 두고 하나님께 기도합
니다. 그러나 우리가 성경에서 시련을 어떻게 보는지를 바르게
이해한다면, '시련 제거 위주'로 기도하지 않을 것입니다. 시련을
무조건 밀어내는 것은 시련에 담긴 하나님의 선한 뜻에 무지하기

때문입니다. 이것은 시련을 통해 하나님의 공의가 드러나는 일에 관심이 없다는 뜻입니다(참고. 5절). 만약 우리 삶에 '가시'가 박힐 때마다 무조건 다 빼달라고 기도한다면, 어떻게 하나님의 능력이 약할 때 온전하여진다는 것을 알 수 있겠습니까? 하나님께서 고난을 다 제거해 주셨다면, 교회사에 복음을 위해 순교한 자는 한 사람도 없었을 것입니다.

주님께서 자랑하시는 교회가 좋은 교회입니다.

바울은 데살로니가 교회를 자랑하였는데 우리도 교회를 자랑합니다. 그런데 바울이 교회를 자랑하는 것과 어느 정도로 일치하는지 의문입니다. 교회가 작았는데 부흥을 해서 커졌다거나, 교회 헌금이 많이 나온다거나, 새벽 기도회에 참석하는 교인 수가 엄청나다거나, 해외에 파송한 선교사가 많다거나, 혹은 큰 교회당을 신축했다거나 하는 등등의 자랑들입니다. 그 자체로서 잘못된 것이 아닙니다. 그러나 바울은 그런 말을 입 밖에도 내지 않았습니다. 어쩌면 초대 교회는 이런 자랑들에 전혀 해당 사항이 없었을 것입니다. 그렇다고 치더라도 바울이 데살로니가 교회에 대해서 자랑한 이유를 보면 우리와 정반대인 듯합니다.

데살로니가 교회에는 우선 담임 목회자가 없었습니다. 규모가 작은 개척교회로서 바울이 극히 짧은 기간에 세웠습니다. 학자들은 바울이 데살로니가후서를 집필한 것은 교회가 세워진 지 아마 1년을 크게 넘지 않았을 것으로 봅니다.

그런데 데살로니가 교회는 개척된 때부터 계속 박해를 받았습니다. 목회자도 없이 어떻게 그 작은 교회가 외부 세력의 집단적인 박해를 감당하였겠습니까? 그들은 유대인들과 이방인 관원들이 합세하여 교회를 문 닫게 하려고 불량배까지 동원된 폭력적인 박해를 견뎌야 했습니다(참조. 행 17:1-9). 그들은 무척 가난하였고 앞으로 잘될 것이라는 보장이 없었습니다. 누가 이런 교회를 자랑하겠습니까? 우리는 그런 교회를 동정할지 몰라도 결코 부흥했다거나 크게 성장했다고는 말하지 않을 것입니다. 그런데 어떻게 바울은 데살로니가 교회를 각 교회에 자랑했을까요?

우리는 바울이 데살로니가 교회를 여러 교회에 자랑한 사실을 그냥 흘려들어서는 안 됩니다. 그는 주님의 사도로서 데살로니가 교회에 대한 주님의 평가를 전하였습니다. 그래서 바울이 데살로니가 교회를 자랑한 것은 예수님이 자랑하신 것으로 보아야 합니다. 이 얼마나 영광스러운 일입니까? 우리가 주님의 자랑거리가 될 수 있다고 생각해 보십시오. 얼마나 가슴 뿌듯한 일이겠습니까? 박해를 당하며 갖은 불의를 겪어야 했던 데살로니가 교인들에게는 이처럼 위로가 되고 힘이 되는 말씀이 없었을 것입니다. 그들이 사랑하는 주님께서 자기들을 다른 교회들에 자랑하실 정도로 호평하셨다는 사실이 얼마나 큰 기쁨이 되었겠습니까?

세상은 그들이 시저 황제가 아닌, 예수님을 왕으로 경배한다는 이유로 로마의 역적으로 몰았습니다(행 17:7). 그들의 삶은 박해로 너무도 힘들었습니다. 그들은 어디에다 하소연할 때도 없었고 누구도 그들 편을 들어주지 않았습니다. 그들은 사회에서 찬밥 대접을 받았고 힘없는 소수파로서 오직 주님의 이름을 부르며 호소할 뿐이었습니다. 그런데 주님이 그들을 자랑하신다고 했습니다. 얼마나 기쁜 일이었겠습니까? 바울의 서신을 읽던 그들은 4절 본문에서 할렐루야를 외치면서 눈물을 흘리며 주님께 감사했을 것입니다. 주님에 대한 그들의 신뢰가 이때보다 더 깊었던 때는 없었을 것입니다. 그들이 어떻게 생각했을지 상상해 보십시오.

「아, 주님이 다 알고 계셨구나. 주님이 우리의 고통과 설움을 다 보고 계셨구나. 주님은 우리가 고통 속에서 믿음을 저버리지 않고 복음의 진리를 타협하지 않은 것을 다 아셨구나. 우리가 불량배들과 유대인들로부터 매 맞고 모욕을 당한 것을 다 보셨구나. 주님은 우리가 십자가의 사랑을 본받아 어려운 가운데서도 서로 아껴주고 자기 것을 희생하며 사랑한 것을 다 보셨구나. 우리가 참으로 힘들 때 참고 또 참으면서 인내한 것을 주님께서 다 아시는구나.

우리가 주님의 음성을 듣고 싶어 탄원하며 간절히 기도한 것을 다 들으시고 이제 마침내 이처럼 놀라운 응답을 하시니 그 크신 은혜를 무엇으로 보답하랴. 우리를 자랑하시다니! 우리가 당하는 설움을 이해해 주시고 우리의 고통을 아시는 것만으로도 충분한데 우리를 온 교회에 자랑해 주시다니 참으로 놀라운 은혜가 아닐 수 없구나. 이런 주님이신 것을 우리는 예전엔 미처 모르지 않았던가!」

아마 데살로니가 교인들은 바울이 고린도후서에서 고백한 다음과 같은 말의 의미에 전적으로 동감했을 것입니다.

"그리스도의 고난이 우리에게 넘친 것 같이 우리가 받는
위로도 그리스도로 말미암아 넘치는도다"(고후 1:5).

우리는 교회를 자랑하면서도 이런 깨달음이 없지 않습니까? 우리는 누구로부터 교회 자랑을 듣습니까? 사람들이 입에 침이 마르도록 추켜 올리고 싶은 교회가 있어도 주님의 입을 통해서 나오는 자랑이 아니면 전혀 자랑거리가 못 됩니다. 사람들이 자랑하는 교회에 다닌다고 해서 데살로니가 교회가 받은 것과 같은 깊고 뜨거운 은혜를 체험할까요? 만일 그렇지 못하다면 그 교회의 자랑은 주님이 아닌, 사람이 하는 자랑일 뿐입니다. 주님께서 우리 교회가 잘했다고 인정하시는 일이 있어야 자랑하시고 깊은 은혜를 내리십니다.

그럼, 주님께서 교회의 어떤 면을 보시고 감동을 하실까요? 우리가 교회를 정할 때 무엇을 보고 결정하는지 생각해 보십시오. 일반적으로 말해서 시설이 좋고 프로그램이 좋은 곳을 택하지 않습니까? 주일학교도 잘 되어 있고, 유명 목사님이 설교하고, 주차 시설도 편리하고, 봉사할 기회도 많고, 재정도 넉넉하고, 찬양대도 프로급이고, 교회 지명도가 높고 또 비즈니스에 도움이 되고 전반적으로 예배 분위기가 좋은 것 등등을 고려할 것입니다.

그러나 시설이 불편하고 재정 문제로 허덕이고 교인 수가 적은 교회는 기피합니다. 교회 내부의 장식이나 분위기에는 신경을 많이 쓰면서 복음이 제대로 강론되고 복음의 가치관으로 교회가 움직이고 있는지는 별로 확인하지 않습니다. 교인들의 신앙의 질에도 관심이 적습니다. 이것은 우리의 교회관이 얼마나 그릇된 것인지를 드러냅니다.

초대 교회에도 문제가 없지 않았습니다. 그러나 오늘날 우리가 교회를 정하고 평가하는 기준은 초대교회에서는 금시초문이었습니다. 바울이 데살로니가 교회를 칭찬한 까닭이 무엇입니까? 박해를 받으면서도 복음의 진리를 타협하지 아니하고 인내하며 주님을 신뢰했기 때문입니다. 그리고 그들은 서로 사랑할 줄을 알았습니다. 그들의 믿음은 자라는 믿음이었고 그들의 사랑은 풍성한 사랑이었습니다. 무엇이 좋은 교회입니까? 무엇이 자랑할 수 있는 교회입니까? 복음이 무엇인지를 알고 박해와 가난을 견디면서 주님과 믿음의 형제자매들을 사랑하는 교회가 주님의 칭찬을 받는 좋은 교회입니다.

주님께서 보시고 자랑하고 싶어 하시는 것이 무엇이겠습니까? 아무리 교회당을 잘 지은들 그것이 주님의 마음을 흡족하게 할까요? 아무리 사람들이 교회를 꽉꽉 채운들 그 자체로서 주님이 감동하시겠습니까? 헌금이 쏟아져 나온들 그것이 주님의 마음을 기쁘게 할까요? 만일 신자들이 믿음과 사랑과 인내로 자라지 않는다면, 어찌 주께서 그런 교회를 자랑하시겠습니까? 주님은 교인 수나 교회당의 크기나 헌금 액수나 찬양대나 목회자의 명성이나 교회의 활동을 보시고 점수를 매기시지 않습니다. 주님께서는 교회가 어떤 형편에 있든지 복음의 가르침에 따라 살고 있는지를 보십니다.

데살로니가 교회는 2년도 되지 않은 어린 교회였는데 주님의 자랑거리가 되었습니다. 그러나 20년이 넘어도 주님의 자랑이 될 수 없는 교회들이 수두룩할지 모릅니다. 개인의 경우에도 마찬가지일 것입니다. 나는 예수님을 믿은 지 여러 해가 지났음에도 주님의 자랑을 한 번도 받아본 일이 없지는 않습니까? 시련을 견디며 믿음 안에서 자라지도 않고 사랑의 열매도 없다면, 주님께서 나를 보시고 민망해하시지 않겠습니까?

주님께서 자랑으로 삼으실 것들을 위해 힘쓰기보다는, 사람들이 보기에 자랑스러운 일들을 위해 재물과 은사와 에너지를 쏟아붓는 교회나 교인은 주님의 자랑거리가 될 수 없습니다. 주께서 우리를 자랑하실 수 없으면 우리의 수고는 헛것입니다. 주께서 우리와 우리 교회들을 자랑하실 수 있는 일을 위해 힘쓰는 것이 믿음 생활의 목표가 되어야 합니다.

교회나 개별 신자가 자기 자랑을 하면, 예수님의 말씀처럼 이미 '자기 상'(마 6:5)을 받았습니다. 그런데 주님이 하시는 자랑은 지상에서뿐만 아니라 사후의 하늘나라에서도 계속됩니다. 데살로니가 교회는 주께서 바울의 입을 통하여 여러 교회에 자랑하셨습니다. 그리고 주께서 재림하실 때 안식으로 갚아 주신다고 약속하셨습니다(1:7). 이 안식은 그들이 받은 환난에 대한 보상이며 칭찬입니다. 그때는 온 세상의 피조물이 다 보는 앞에서 주님의 자랑의 상이 신실한 주의 자녀들에게 내릴 것입니다.

주님께서 자랑하시는 교회는 주님이 갚아 주십니다.

성경은 하나님을 갚아 주시는 분이라고 진술합니다. 하나님께서 빚을 지셨기 때문에 갚으시는 것은 아닙니다. 그러나 하나님을 잘 따르는 자들에게는 상을 주시고, 하나님을 대항하며 악을 행하는 자들에게는 형벌을 내리시는 것이 하나님의 공의입니다. 하나님께서는 전적으로 공평하시므로 칭찬해 줄 자를 빠뜨리시거나 벌을 내려야 할 자를 그냥 넘어가시지 않습니다. 이런 의미에서 하나님께서는 정확하고 공정하게 갚아 주시는 분입니다.

데살로니가 교회는 박해 때문에 근거 없는 비난과 정신적 물질적 손실을 보았습니다. 누구도 그들을 위해서 변호하거나 보호해 주는 자가 없었습니다. 그럴 때 하나님께서 갚아 주신다는 말씀은 큰 위로와 소망이 되었을 것입니다.

그럼, 바울은 어떤 내용으로 그들을 위로했을까요? 무조건 나중에 하나님이 다 갚아 주시니까 그런 줄 알라고 했습니까? 그렇지 않습니다. 복음은 무조건이 아닙니다. 무조건 순종하고 무조건 기도하고 무조건 성경 읽는 것이 아닙니다. 복음에는 이유가 있고 설명이 있습니다. 물론 하나님의 감추어진 뜻도 있고 우리가 다 깨달을 수 없는 신비도 있습니다. 그러나 적어도 신자들이 왜, 어떻게 살아야 하고 신앙생활에서 닥치는 문제들을 어떤 식으로 이해하고 감당해야 하는지를 성경은 분명하게 말합니다. 바울은 데살로니가 교인들이 당하는 박해 문제에 대해서 하나님의 뜻이 무엇인지를 밝혔습니다. 이런 내용을 알지 못하면 힘들 때마다 불안에 떨며 무조건 매달리는 식의 기도를 하고 응답이 없으면 하나님에 대해서 유감을 품습니다.

바울은 먼저 시련의 목적을 알렸습니다.

"이는 하나님의 공의로운 심판의 표요 너희로 하여금 하나님의 나라에 합당한 자로 여김을 받게 하려 함이니 그 나라를 위하여 너희가 또한 고난을 받느니라"(5절).

고난은 누구나 다 싫어합니다. 인간은 본능적으로 고통을 원치 않습니다. 그러나 예수님을 믿고 따르기 때문에 오는 시련은 그 목적을 알면 격려가 되고 기쁨의 원인이 될 수 있습니다(행 5:40-41). 그러나 우리 스스로 고난에 목적을 붙일 수는 없습니다. 신자로서 받는 고난의 목적은 하나님께서 정하신 것입니다. 그 목적은 하나님의 공의로운 심판과 관계된 것입니다. 시련의 목적이 살아나도록 주의 뜻을 따라 사는 신자들은 하나님의 보상을 받지만, 하나님의 자녀들에게 시련을 주는 자들은 형벌을 받습니다. 시련 자체는 부정적인 것입니다. 그러나 시련에 대한 하나님의 의도는 매우 긍정적입니다.

첫째, 하나님께서는 성도들의 시련과 역경을 통해서 하나님의 나라가 발전하도록 결정하셨습니다.

우리는 왜 하나님께서 그런 결정을 하셨느냐고 항의하고 싶습니다. 우리의 판단으로는 하나님의 나라가 고난을 통해서 발전하게 하는 것은 좋은 방법으로 보이지 않습니다. 사실 이러한 하나님의 결정에 동의하지 않겠다는 것이 기복 신앙이고 성공 신학입니다.

이 노선을 따르는 자들의 주장으로는 신자는 병도 나서는 안 되고 가난해서도 안 됩니다. 병이 있으면 쫓아내어야 하고 가난도 물리쳐야 합니다. 이들은 신자라면 좋은 학교에 들어가야 하고 지배 계급이 되어야 하며 유명해지고 수익이 높아야 한다고 말합니다. 즉, 세상에서 머리가 되고 꼬리가 되지 말아야 교회의 영향력을 사회에 끼칠 수 있다는 것입니다. 그렇게 할 때 하나님께 영광이 되고 하나님 나라가 가시적으로 힘이 있다는 것이 드러나며 신자들이 긍정적인 자세로 신앙생활을 한다는 논리입니다. 고난은 마귀가 불러오는 것이니까 예수님의 능력으로 퇴치하고 번성의 축복을 받는 것이 복음이라고 생각합니다. 많은 사람이 이런 가르침에 속습니다. 그러나 복음에 따르는 고난을 수용하지 않으려는 것은 현세 위주의 물질주의 사상입니다.

하나님께서는 타락한 우리를 십자가로 구속하셨습니다. 그런데 주님은 우리가 신자가 되었다고 해서 그날부터 완전히 사람이 달라지지 않는다는 것을 아십니다. 주님의 인내가 가장 많이 필요한 때가 있다면 우리가 예수님을 믿고 난 이후입니다. 시련은 우리가 정말 예수님을 믿고 신뢰할 마음이 있는지를 확인할 수 있는 가장 정확한 검침입니다. 우리의 믿음의 깊이가 훤히 노출되는 때가 시련을 겪을 때입니다. 평소에는 하나님을 그런대로 잘 믿는다고 생각했다가 시련이 오면 그게 아니었다는 것을 알고 자신에 대해서 실망합니다. 우리의 믿음이 얼마나 약한 것인지는 평안할 때는 드러나지 않습니다. 우리는 극심한 시련 속에서도 주님의 신실하심을 끝까지 신뢰하면서 견디는 일에 대부분 실패합니다. 그래서 시련은 주님에 대한 우리의 신뢰를 테스트하는 시금석입니다.

하나님께서 시련을 사용하시는 까닭은 우리의 연약함을 돕기 위한 것입니다. 우리가 자신에 대해서 자신하지 않아야 우리의 약점을 주께서 도우실 수 있습니다. 그런데 우리의 자신감과 내 잘난 맛이 언제 사라집니까? 시련을 겪을 때입니다. 시련은 회의를 일으키고 분노를 생산하며 심신을 피곤케 합니다. 시련은 마치 파도에 떠밀리는 나무 조각처럼 우리를 당겼다 놓았다 하면서 정착을 불허합니다. 갑자기 자신이 주인이 아니고 누군가가 자기 인생을 조종한다는 사실에 눈이 뜨입니다. 그런데 자신이 할 수 있는 일은 아무것도 없습니다. 이제 자신을 더 지탱할 수 없습니다.

많은 사람이 시련을 겪으면서 자신에 대해 모르던 부분들을 깨닫습니다. 시련은 인생의 좋은 교사입니다. 신자들은 자신의 실체를 정확하게 볼수록 하나님 나라에 이바지할 가능성이 커집니다. 자신의 재원으로는 감당할 수 없는 시련이 있다는 사실을 알면, 전적으로 하나님만을 의존하며 겸비한 자세로 살게 됩니다. 하나님께서는 그런 자녀들을 통해서 하나님의 나라를 이루어 가기를 기뻐하십니다.

둘째, 하나님의 나라에 합당한 자로 여김을 받게 하는 것입니다.

신자의 시련은 하나님의 나라에 합당한 자로 인정되게 하는 목적이 있습니다. 다시 말해서, 시련을 잘 견디면 하나님의 인정을 받습니다. 하나님의 인정은 하나님의 자랑이 되기에 하나님께서 주시는 축복이 있음을 시사합니다. 여기서 하나님 나라에 합당한 자가 된다는 것은 시련을 거쳐서 천국으로 들어가는 자격을 얻는다는 의미가 아닙니다.

천국은 주 예수 그리스도의 십자가와 부활을 믿고 하나님의 자녀가 된 자들이 들어갑니다. 여기서 말하는 하나님 나라는 바울이 통상으로 사용하는 의미의 현재적인 천국입니다. 바울은 "하나님의 나라는 먹는 것과 마시는 것이 아니요 오직 성령 안에 있는 의와 평강과 희락이라"(롬 14:17)고 했습니다. 이러한 하나님 나라의 복을 체험하는 수단의 하나로써 하나님께서 정하신 것이 성도의 시련입니다. 하나님께서는 주님의 백성이 환난을 통해서 하나님 나라의 의를 배우고 깨닫는 복을 현세에서 누리도록 정하셨습니다. 그래서 "그 나라를 위하여"(5절) 고난받는다는 말은 예수님의 재림 후에 오는 마지막 왕국을 위한 것이 아닙니다. 주님이 완성하실 최종적인 하나님 나라는 우리의 고난에 의존된 것이 아닙니다.

주님께서 우리의 시련을 통해서 의도하신 것은 복음 때문에 고통받는 지상에서의 삶과 관계된 것입니다. 하나님께서는 시련을 사용하셔서 하나님 나라의 축복들을 우리가 더 깊이 체험하도록 계획하셨습니다. 그러니까 막연하게 죽은 다음에 다 해결된다는 말씀이 아닙니다. 현재의 박해 속에서 자신의 속절없음을 깨닫고 주께서 공급하시는 능력에 의지하며 예수님만 굳게 의존하게 한다는 말입니다. 이것이 세상 사람들이 경험할 수 없는 하나님 나라의 능력이며 주님의 다스림을 받고 사는 현재적인 왕국의 특성입니다.

하나님 나라가 내세에만 있다고 생각하면, 현재 이 땅에서 맛보아야 할 하나님의 구원의 능력과 기쁨을 체험하는 일에 무관심하게 됩니다. 우리는 물론 내세 천국에서 하나님의 복을 영원히 누릴 것입니다. 그러나 하나님 나라의 복은 현재의 삶 속에서 유업으로 누리기 시작해야 할 많은 부분을 포함합니다. 그중에서 대부분은 환난을 통하여 오도록 하나님께서 의도하셨습니다. 이것이 바울이 일차 선교 때 갈라디아 지방에서 제자들을 모아놓고 "우리가 하나님의 나라에 들어가려면 많은 환난을 겪어야 할 것이라"(행 14:22)고 한 말의 의미입니다.

셋째, 예수 그리스도의 이름을 높이고 복음에 대한 신자들의 투신을 강화하기 위한 것입니다.

만일 제자들이 어려움이 온다고 해서 신자가 된 것을 부끄러워하거나 복음의 진리를 타협한다면 어떻게 주님의 이름이 높임을 받고 주님의 부르심에 '합당한 자'로 여겨지겠습니까? 사도들은 투옥되고 채찍질을 당했음에도 "그 이름을 위하여 능욕 받는 일에 합당한 자로 여기심을 기뻐하면서 공회 앞을 떠나니라"(행 5:41)고 했습니다. 이 얼마나 이상한 일입니까? 그리스도의 이름을 위해서 고난을 받고도 기뻐한 이유가 무엇입니까? 하나님께서 그들을 그리스도의 고난에 동참케 하시고(히 5:8-9; 벧전 4:13) 복음을 전하는 자로서 합당하다고 인정하셨기 때문입니다.

초대 교회는 주를 위해 고난받는 것을 매우 긍정적으로 보았습니다. 고난받는 것은 하나님의 위로를 체험하는 기회를 제공하고(고후 1:4-5), 성령의 임재를 누리게 하며(벧전 4:14), 인내를 함양하고(롬 5:3-4; 약 1:2-3), 주께서 재림하실 때 큰 기쁨을 준다고 했습니다(벧전 4:13). 신자들은 고난 중에서 오히려 기뻐할 수 있는 충분한 이유를 지닌 자들입니다. 시련은 주님에 대한 충성을 재확인하고 복음을 위해 더욱 담대히 살게 하는 긍정적인 기회가 될 수 있습니다. 시련을 겪으면 힘들어서 하나님께 의지하며 호소하게 되고 그 결과 주님의 임재와 축복에 더 가까이 다가가는 계기가 됩니다.

데살로니가 교인들은 시련과 박해를 받음으로써 바울과 함께 하나님 나라의 의를 위한 싸움에 동참하는 자들이 되었습니다. 이것이 진정한 의미에서의 성도들 사이의 깊은 교제입니다. 우리는 이런 종류의 뜻깊은 교제에 대해서 얼마나 알고 있습니까? 바울과 같은 훌륭한 하나님의 종들이 걸어간 길을 조금이라도 따르고 있습니까? 우리는 항상 편한 삶을 위해 기도하지 않습니까? 하나님께서 귀한 목적으로 우리의 약한 믿음을 세워주고 굳건하게 해 주시려고 허락하시는 시련들을 항상 피해서 다니지는 않습니까? (벧전 5:10).

우리에게는 그리스도인으로서 "그 나라를 위하여"(5절) 받는 고난이 있어야 합니다. 그래야 하나님의 공의를 체험하는 안식이 있습니다(7절). 고난의 체험은 영광의 체험으로 이어집니다. 이것이 하나님의 공의입니다. 우리를 박해하는 악인들과 복음을 믿지 않는 모든 죄인은 "주의 얼굴과 그의 힘의 영광을 떠나 영원한 멸망의 형벌'(1:9)을 받을 것입니다. 그들은 복과 생명의 근원으로부터 완전히 제외됩니다. 그들은 새벽이 동트지 않는 영원한 밤으로 들어갑니다. 그러나 우리는 고난 속에서도 주께서 함께하신다는 위로의 메시지로 안식을 누립니다.

"환난을 받는 너희에게는 우리와 함께 안식으로 갚으시는 것이 하나님의 공의시니…"(7절).

주님께서는 우리가 복음으로 인해서 환난을 겪으면 안식으로 갚아 주신다고 하였습니다. 그런데 이 말씀은 그냥 듣기 좋은 말이 되어서는 안 됩니다. 주님은 갚아 주시는 분입니다. 그런데 갚을 것이 있어야 갚지 않겠습니까? 주님의 이름과 나라를 위해서 시련을 견디며 주님을 계속 신뢰하지 않는데 무엇을 갚을 수 있겠습니까? 내가 주님 보시기에 잘하는 일이 있어야 주님께서 자랑하시고 싶지 않겠습니까? 주님을 위해서 손해 본 일이 있습니까? 주의 복음을 위해서 희생한 것이 있습니까? 교회를 섬기다가 억울한 일을 당하고 애매한 누명을 쓴 적이 있습니까? 내 잘못으로 오는 시련이 아니고, 오로지 주님의 말씀을 따라 살려다가 고난을 겪은 적이 있습니까? 만약 복음을 위해 싸우다가 다친 데가 없다면 주께서 치유해 주실 이유가 없지 않습니까? 내가 주의 나라와 복음을 위해서 합당한 자로 여김을 받을 것이 없는데 주님이 나를 칭찬하시겠습니까?

어떤 사람들은 예수만 믿고 천국 들어가면 더 바랄 것이 없다고 말합니다. 주님이 아무것도 안 갚아 주셔도 좋고, 칭찬하시지 않아도 좋다고 생각합니다. 그래서 이 세상에서 주님께 잘 보이려고 매여서 살기보다는 좀 자유롭게 자기 방식대로 편하게 살다가 천국의 맨 끝자리라도 앉으면 족하다고 여깁니다. 그러나 이것은 매우 위험하고 어리석은 생각입니다. 왜 그럴까요?

내가 주님의 자랑거리가 되지 못하고 주님의 갚으심을 받지 못한다는 것은 주님의 이름을 낮추고 주님의 명예를 훼손하는 일입니다. 시련을 통해서 오도록 의도된 하나님의 선한 뜻을 저버리면 하나님 나라의 능력을 체험하지 못하고 믿음 생활의 승리를 알지 못합니다. 모든 고난은 다 물러가라고 소리치며 그저 편하게 살면서 복 받았다고 좋아하면 주님께서 자랑하시고 갚아 주실 것이 없습니다. 그런 자녀는 그리스도의 심판대 앞에서 큰 수치를 당할 것이라고 경고하였습니다(요일 2:28).

주 예수를 믿는 신자는 지옥에 던져지지 않습니다. 그러나 바울까지도 "주의 두려우심"(고후 5:11)을 언급하였고 히브리서의 저자도 "경건함과 두려움으로 하나님을 기쁘게 섬길지니 우리 하나님은 소멸하는 불이심이라"(히 12:28-29)고 경고했습니다. 이것은 하나님의 행위 심판의 심각성 때문입니다. 예수님이 다시 오실 때는 만인이 자신의 행위에 따라 하나님의 엄정한 심판을 받을 것입니다. 그때 크리스천도 하나님 앞에서 자신의 선악간의 행위를 사실대로 직고해야 합니다(고후 5:10; 롬 14:10-12).

데살로니가 교회는 시련에 관한 한, 우리가 본받아야 할 훌륭한 모범입니다. 그들은 박해를 받으면서도 주님을 사랑하였습니다. 그들은 가난하면서도 주님께 충성하였습니다. 그들은 목회자가 없는 상황에서도 복음의 진리를 붙잡고 놓지 않았습니다. 그들은 오히려 믿음이 깊어졌고 공동체의 사랑이 넘쳤습니다. 그래서 주님께서 자랑하는 교회가 되었습니다. 바울의 입을 통해서 주님이 약속하신 것은 그들이 마지막 날에 갚음을 받을 것이라는 격려였습니다.

이 말씀은 주께서 우리를 향해서 주시는 조건부 약속으로 적용되어야 합니다. 만약 우리가 주께서 허락하시는 복음을 위한 시련을 기꺼이 받고 믿음을 지키며 형제를 사랑하면, 현세에서 하나님의 나라가 지닌 축복을 체험할 뿐만 아니라 앞으로도 영원한 왕국의 복들을 상으로 누리게 될 것입니다.

6장
놀라운 미래
데살로니가후서 1:6-9

"하나님을 모르는 자들과 우리 주 예수의 복음에 복종하지 않는 자들에게 형벌을 내리시리니 이런 자들은 주의 얼굴과 그의 힘의 영광을 떠나 영원한 멸망의 형벌을 받으리로다"(살후 1:8-9).

우리가 사는 세상은 살아갈수록 근본적인 질문을 던지게 하는 곳입니다. 우리가 눈을 뜨고 있을 때나 감고 있을 때나 밤낮으로 사건에 사건이 꼬리를 물고 다발적으로 발생합니다. 세상에는 좋은 일들도 있지만, 나쁜 일들이 훨씬 더 많습니다. 이것이 우리 인간들의 고민입니다.

세상의 죄악은 이루 형언할 수 없는 지경에 이르렀습니다. 본인이 어렸을 적에만 해도 개 한 마리가 차에 치여 죽은 것이 온 동네의 화젯거리였습니다. 지금은 어린아이가 납치를 당하여 성매매에 묶여 있다는 보도를 들어도 예사로 넘어갑니다.

　최근에는 미국에서 여러 명의 자녀를 둔 한 어머니가 4살짜리 딸을 음란 행위를 원하는 자들에게 팔겠다고 광고를 내었다가 경찰에 붙잡힌 일도 있습니다.

　한 미국인은 러시아에 가서 어린아이를 양녀로 삼아 데리고 와서 십 대가 될 때까지 성폭행하고 인터넷을 통해 호객 행위를 하다가 발각되기도 했습니다.

　그런데 잡히지 않은 이런 부류의 범죄가 세상에 얼마나 많겠습니까? 인신매매의 대상이 어린아이들까지 포함되고 자기 자식까지 파는 세상이니 더 무엇을 기대할 수 있겠습니까? 그래도 사람들은 이제 그런 일에 별다른 충격을 받지 않습니다. 죄가 그만큼 퍼지고 깊어져서 양심이 무뎌지기 시작한 지 오래되었기 때문입니다.

　대기업체나 공직자들이 뇌물을 주고받는 규모도 가공할 정도입니다. 남녀 관계에서 순리를 역리로 사용하면서도 그것이 개인의 자유와 권리라면서 이웃에 해만 끼치지 않으면 된다는 식의 윤리 개념이 법적인 보장을 받는 세상이 되었습니다. 마약과 이권 확보를 위한 조폭과 악덕 비즈니스를 하는 자들이 인권을 짓밟고 속이며 착취하는 악랄한 수법은 끔찍하기 말할 수 없습니다.

　국가 사이의 분쟁도 그치지 않습니다. 전쟁이 일어나서 수백만이 피해를 보고 독재 정권이 백성의 삶을 짓밟으며 정권 유지를 위한 테러나 게릴라 전에서 민간인 학살과 난민이 해마다 늘어납니다. 지난 100년 동안 전쟁과 학살과 기아로 죽은 사람들은 수천만 명에 달합니다. 21세기도 아직 초반이지만 벌써 정치적 분쟁으로 수백만을 넘는 난민들이 발생하였고 불의한 인간들의 손에 많은 사람이 죽어가고 있습니다. 지금도 한쪽에서는 기아로 수백만이 죽어가는데 다른 쪽에서는 너무 먹어서 수백만이 비대증으로 어기적거리며 걷습니다. 지구 한 편에 속한 사람들의 입속은 텅 빈 무덤 같고 다른 편에 속한 자들의 입은 날마다 잔치 중입니다.

세상에서 억울하게 죽는 일이 얼마나 많습니까! 삶이 너무도 힘들어서 어린 자식까지 데리고 동반 자살을 하는 일도 빈번합니다. 그런가 하면 돈이 남아 돌아가서 억대를 용돈처럼 사용하는 부자들도 많습니다. 소비자의 건강은 안중에 없고 돈만 챙기려는 악덕 상인들이 중금속이 담긴 물품들을 전 세계로 수출합니다. 질병 퇴치를 신조로 삼아야 할 의료기관이나 글로벌 제약 회사가 웬만한 병은 고칠 수 있음에도 치료제 개발을 억제하고 완화제만 파는 것도 돈에 혈안이 됐기 때문입니다. 환경 공해는 이제 기후의 안정을 위협하며 걷잡을 수 없는 파국으로 달려갑니다. 모두 인간의 욕심과 이기심으로 일어나는 죄악들입니다. 이 세상은 누구의 눈으로 보아도 악이 넘치고 고통으로 뒤덮인 곳입니다.

이 세상에서 과연 악과 고통이 제거될 수 있을까요? 없습니다. 성경은 인간이 타락했다고 분명히 선언합니다. 에덴동산에서 인간이 쫓겨난 이후로 악은 전 세계로 퍼지면서 점점 더 심각해지고 있습니다. 세상이 얼마 남지 않았다는 말이 나오고도 남을 지경입니다. 인간은 도덕적으로 진화하지 않습니다. 인간 내부의 타락은 태어날 때부터 바뀌지 않습니다. 인간의 본성은 악으로 치우쳐 있습니다. 인간은 죄인으로 태어납니다. 그리고 자신의 의지와 욕심으로 평생 죄를 짓고 삽니다.

인간 사회는 조직을 통한 대규모의 구조악에 많은 사람이 직접 간접으로 참여하게 합니다. 아무리 문화가 발달해도 인간은 죄를 짓고 악을 행하면서 자신들의 욕구를 채우기에 급급합니다. 인간은 자기 힘으로 타락한 자아를 일신시킬 수 없습니다. 근본적인 변화는 불가능합니다.

인간은 눈부신 과학을 발전시켜 기술 혁신을 일으켰습니다. 의학의 발전도 경탄을 금치 못합니다. 과거에는 상상도 할 수 없었던 일들을 해결하고 치유해 나갑니다. 그러나 지극히 눈부신 문명에도 불구하고 이 세상은 결코 더 나은 곳이 되지 못하였습니다. 어쩌면 별다른 문명이 없었던 시절이 살기가 더 나았을지도 모릅니다. 인간들이 만들어내는 모든 것들이 이제 우리의 생존을 크게 위협하는 공해가 되어 만민의 걱정거리가 되었습니다. 인간은 무척 똑똑한 것 같으면서도 매우 어리석은 존재입니다.

이 세상은 과연 어떻게 되는 것일까요? 세상이 얼마나 더 지속할 수 있을 것 같습니까? 아무도 정확하게 모릅니다. 그러나 세상 종국의 날이 반드시 올 것입니다. 그럼 어떻게 끝나게 될까요? 성경은 하나님의 심판으로 끝날 것이라고 증언합니다.

하나님께서는 상벌의 공의를 약속하셨습니다.

"너희로 환난을 받게 하는 자들에게는 환난으로 갚으시고
환난을 받는 너희에게는 우리와 함께 안식으로 갚으시는
것이 하나님의 공의시니…하나님을 모르는 자들과 우리
주 예수의 복음에 복종하지 않는 자들에게 형벌을 내리시
리니"(6-8절).

불의하기 말할 수 없는 이 세상이 이대로 존속된다면 인간의
불행은 더욱 비참할 것입니다. 그런데 모든 것이 그냥 다 없어지
고 만다면 그 역시 무의미하기 짝이 없을 것입니다. 세상이 공평
하지 않다고 말합니다. 법이 있어도 법을 집행하는 사람들 자신
이 부패하여 불의한 판결을 하는 경우도 많습니다. 독재자는 자
기에게 유리한 법을 만들고 악법을 실행합니다. 세상은 악인이
형통하는 곳으로 보입니다. 물론 더욱 정확하게 말하면, 악인이
라고 해서 다 잘 되는 것은 아닙니다. 그러나 적어도 악인이 마땅
한 보응을 받지 않고 넘어가는 일은 얼마든지 있습니다. 어떤 사
회도 악인들을 다 체포하거나 공정한 형벌을 내리지 못합니다.
인간의 죄악은 너무도 만연해서 법이 있어도 모두 해결하지 못하
며 이미 저질러진 죄악으로 인해 빚어지는 피해와 고통은 수많은
인생을 갈기갈기 찢어놓습니다.

그런데 성경은 세상이 이대로 가지 않고 하나님의 공의의 심판을 받을 날이 온다고 분명하게 경고합니다. 이 경고는 신자들에게는 얼마나 큰 위로가 되는지 모릅니다. 미래의 심판은 예수님의 재림 때 일어날 것입니다. "주 예수께서 자기의 능력의 천사들과 함께 하늘로부터 불꽃 가운데서 나타나실 때에"(7절) 악인들이 형벌을 받습니다.

그런데 이 악인들은 누구일까요? "하나님을 모르는 자들과 우리 주 예수의 복음에 복종하지 않는 자들"(8절)입니다. 그들이 받는 심판은 "주의 얼굴과 그의 힘의 영광을 떠나 영원한 멸망의 형벌"(9절)을 받는 것입니다. 그런데 이들 중에는 그리스도를 믿는 신자들에게 악을 행한 자들도 포함됩니다. 반면, 환난을 당한 입장에 있는 신자들은 안식을 누리게 될 것입니다. 이것이 하나님의 공의이며 보응의 원리입니다. 인간들은 자기들이 뿌린 씨대로 거둡니다. 악을 뿌렸으면 하나님의 형벌을 거두고, 선을 뿌렸으면 하나님의 보상을 거둡니다. 이것이 행위 심판의 원리입니다. 우리는 이 원리를 이스라엘의 역사에서 여러 번 확인할 수 있습니다.

예를 들어, 애굽의 바로 왕이 히브리 민족의 남자아이들을 나일 강에 모두 익사시키려고 했습니다. 나중에 출애굽한 이스라엘 백성을 뒤쫓던 애굽의 병거들과 군대가 모두 홍해에 수장되었습니다(출 14:26-28). 에스더서에 나오는 하만은 유대인들을 몰살시키려고 음모를 꾸몄으나, 오히려 자신이 유대인 모르드개를 매달려고 했던 나무에 달려 죽었습니다(에 3장; 7장). 다니엘을 시기한 메대와 바사의 고관들은 그를 사자 굴에 집어넣었지만, 다니엘은 무사하였고 그 대신 그들이 처자들과 함께 사자 굴에 던져져 죽었습니다(단 6장). 에돔은 이스라엘이 바벨론의 침략을 받을 때 고소해 하였고, 예루살렘에 들어가서 약탈하며 난민들을 적군에게 넘겨주었습니다. 그래서 그들은 하나님의 진노의 불을 받고 마치 존재하지도 않았던 것처럼 "본래 없던 것 같이 되리라"(옵 1:16)고 하였습니다. 하나님은 행한 대로 갚아 주시는 분입니다(레 24:19; 렘 50:15, 29).

그런데 행위 심판에는 악인만이 포함되는 것이 아닙니다. 복음을 믿는 신자들도 그리스도의 심판대 앞에서 다른 사람들을 어떻게 대했는지에 따라 하나님의 상이 아니면 견책을 받게 될 것입니다. 우리가 이 사실을 심각하게 받아들인다면 삶의 질이 훨씬 달라질 것입니다. 하나님의 공의는 신자라고 해서 그냥 넘어가지 않습니다. 물론 불신자들처럼 지옥의 심판을 받지는 않지만, 복음의 정신으로 순종과 사랑의 삶을 살지 않은 신자들은 주님의 칭찬을 기대할 수 없습니다.

하나님의 미래 심판은 양면적인 갚음입니다. 한편은 보응이고 다른 편은 안식입니다. 악인들은 데살로니가 교인들에게 한 것처럼, 남에게 환난을 준 자들입니다. 그들은 마지막 심판 날에 하나님께서 주시는 환난을 맛보게 될 것입니다. 그러나 환난을 받은 하나님의 자녀들은 하나님께서 주시는 안식을 맛봅니다. 이 안식은 성도들의 소망이며 위로입니다.

안식의 의미는 무엇일까요?

신약에서 안식의 의미는 대체로 다음 세 가지입니다.

첫째, 처음 예수를 믿을 때 받는 구원의 안식입니다.

"수고하고 무거운 짐 진 자들아 다 내게로 오라 내가 너희를 쉬게 하리라"(마 11:28).

인간은 자유인으로 태어나지 않습니다. 개인의 자유를 인정하는 민주주의 국가에서 태어났어도 인간은 죄의 멍에와 인간들이 만든 온갖 종류의 속박에 묶여 삽니다. 예수님 당시의 유대인들에게는 율법주의가 멍에였습니다. 현대인들에게는 하나님 없이 자기 힘으로 인생 문제를 해결하려는 수고가 짐입니다. 그러나 예수 그리스도에게 가면 자력 구원을 위한 무거운 멍에와 죄의 짐을 내려놓고 안식할 수 있습니다. 예수님의 구원은 진정한 의미에서 인간에게 자유를 줍니다. 복음의 진리가 참 자유입니다. 이 자유는 예수님이 주시는 구원입니다(요 8:32, 34-36).

둘째, 예수님의 멍에를 메고 그분의 가르침과 뜻을 따를 때 오는 안식입니다.

"나는 마음이 온유하고 겸손하니 나의 멍에를 메고 내게 배우라 그리하면 너희 마음이 쉼을 얻으리니"(마 11:29).

하나님께서는 인간들을 살게 하시려고 창조하셨습니다. 그런데 그냥 사는 것이 아니고 잘살게 하는 것이 하나님의 뜻입니다. 자녀를 낳은 부모가 자녀 잘되게 하려고 애쓰지 않습니까? 그런데 인간은 어떻게 사는 것이 정말 잘사는 것인지를 모릅니다. 잘사는 것은 물질적인 풍요로 해결되지 않습니다. 그런데도 대부분 돈만 있으면 다 잘될 줄 압니다. 인간은 배만 가진 동물이 아니고, 마음도 가졌기에 마음이 만족하지 않으면 안식할 수 없습니다. 그래서 마음 편한 것이 제일이라고 말합니다. 이것은 오랜 시행착오를 거쳐서 인간이 깨달은 지혜입니다.

그런데 과연 어떻게 해야 마음이 쉼을 얻을 수 있을까요?

예수님을 믿으면 방황하던 영혼이 진리를 발견하고 구원을 받습니다. 그때 하나님의 자녀로 인정되어 영적 안식을 누립니다. 하지만, 교인이 되었다고 해서 마음이 계속 편하지는 않습니다. 신자는 자신의 영혼을 지배하던 어둠의 세력들로부터 구출되었지만, 예수께로 돌아온 후로는 예수님이 지워주시는 멍에를 메어야 합니다. 이것은 속박이 아니고 자유를 누리는 것을 배우면서 마음의 쉼을 누리는 일입니다. 예수님이 어떤 분인지를 배우고 그분이 세상을 사신 방법대로 따라가야만 신자의 마음에 안식이 옵니다.

신자라도 계속하여 주님의 길을 따르지 않고, 꾸준히 주님을 신뢰하면서 살지 않으면 마음이 세상일로 흐려지고 세상의 방법을 따라가게 되어 심령의 평강을 누리지 못합니다. 그러나 주님에 대한 지속적인 믿음으로 주님과 가까운 교제를 하면서 살면 세상의 이런저런 복잡하고 힘든 상황 속에서도 심령의 안식을 누릴 수 있습니다. 이 안식은 우리 편에서 힘써 들어가야 합니다(히 4:10-11).

셋째, 예수님의 재림 때 받는 영원한 안식입니다.

"주 예수께서 나타나실 때에"(살후 1:7).

신자들은 주님의 재림 때 영원한 안식을 향유합니다. 그때에는 부패나 고통에서 완전히 벗어난 부활한 새 몸이 되어 그리스도의 영광에 참여하며 하나님이 십자가 구속으로 성취하신 영원한 왕국의 안식을 만세토록 누릴 것입니다.

그런데 "환난을 받는 너희에게는 우리와 함께 안식으로 갚으시는 것이 하나님의 공의"(7절)라면, 복음을 위해서 환난을 받지 않는 자는 하나님께서 주시는 안식의 대상이 못 된다는 말일까요? 여기서 안식으로 갚으신다는 것을 단순히 내세 천국에 들어가는 것으로 제한해서 생각하면 그렇다고 대답해야 합니다. 그러면 복음 때문에 환난을 받지 않으면 천국에 못 들어간다는 말이 됩니다. 이런 의미라면 바울이 제자들에게 "우리가 하나님의 나라에 들어가려면 많은 환난을 겪어야 할 것이라"(행 14:22)는 구절도 같은 뜻으로 해석해야 합니다.

그러나 천국에 들어가는 구원은 환난으로 들어가는 것이 아니고 주 예수를 믿음으로써 들어갑니다. 그래서 바울이 여기서 말하는 '하나님의 나라'는 하나님 나라의 체험적인 측면을 가리킵니다. 즉, 환난을 통해서 하나님의 도우심과 능력을 받으며 고난 중에서도 기뻐하고 하나님의 다스림을 받으며 평강을 누린다는 것을 강조한 말입니다. 그렇지 않다면, 바울은 제자들에게 믿음으로 구원을 받는다는 말을 스스로 뒤집는 격이 됩니다. 천국 입국 자격이 '많은 환난'을 받고 안 받는 것에 달린 것이 아님은 재언할 필요도 없습니다. 그래서 '안식으로 갚으시는 것'을 천국에 들어가는 자격을 준다는 말로 오해하지 말아야 합니다.

데살로니가 교인들은 복음 때문에 박해를 받았으므로 안식으로 보상된다는 약속을 받았습니다. 그래서 이것을 "하나님의 공의"라고 했습니다. 예수 그리스도를 믿기 때문에 천국에 넣어주는 것이 하나님의 공의라는 의미가 아닙니다. 바울은 여기서 행위 심판의 원리를 말하고 있습니다. 그래서 신자들과 불신자들의 행위에 따라서 상과 벌을 받는다는 것이 올바른 문맥입니다. 그러니까 안식으로 갚으시는 것은 천국으로 갚으시는 것이 아니고 신실한 자녀들에게 주시는 하나님의 보상, 곧 천국에 있는 유업입니다. 예수님은 산상설교에서 하나님께서 제자들의 은밀한 선행을 은밀히 보시고 갚으신다고 하셨습니다(마 6:4, 6, 18). 예수님은 하나님께서 신실한 자녀들에게 주시는 '자기 상'(마 6:5)이 있음을 기정사실로 전제하셨습니다. 그래서 "나로 말미암아 너희를 욕하고 박해하고 거짓으로 너희를 거슬러 모든 악한 말을 할 때에는 너희에게 복이 있나니 기뻐하고 즐거워하라 하늘에서 너희 상이 큼이라"(마 5:11-12)고 하셨습니다.

그러므로 하나님께서 박해와 환난 중에서 인내하고 믿음을 보인 자들에게 안식으로 갚으신다는 것은 천국 자체가 아니고, 주로 내세에 받을 유업의 상이라고 보아야 합니다. 이것은 박해를 받는 자들에게 커다란 격려가 되었을 것입니다. 만약 박해를 받은 자나 박해를 피한 자가 똑같은 안식으로 갚음을 받는다면, '하나님의 공의'라는 말을 구태여 붙이지 않았을 것입니다.

한편, 이런 부류의 갚음을 받지 못할 신자들도 적지 않다고 보아야 합니다. 현대 교회는 일부 지역을 제외하면 박해를 받지 않습니다. 물론 경건하게 살려고 하면 어떤 사회에서도 박해를 받지만, 대부분의 교인은 공식적이거나 집단적인 박해로부터 법적인 보호를 받습니다. 대부분의 국가에는 종교의 자유가 있기 때문입니다.

그럼 그런 신자들은 복음으로 받은 특별한 박해가 없으니까 천국에 들어갈 수 없다는 말일까요? 그렇다면 박해 시대에 태어난 자들만 천국에 들어갈 확률이 높다고 보아야 할 것입니다. 안식의 갚음은 복음을 위해서 당한 불의에 대한 공의의 집행입니다. 그래서 어느 시대에 태어났든지 복음대로 살려고 하므로 불의를 당했다면, 하나님께서 안식으로 갚으시는 것이 있다고 보아야 합니다.

그러나 이러한 안식을 상거래처럼 바라고 박해를 받아야 하는 것은 아닙니다. 주 예수의 복음을 믿고 주님의 구원을 감사하며 그분의 주권에 복종하는 자들은 외부의 압력이나 권위에 눌리기를 거부하는 것이 당연한 일입니다. 하나님은 그런 성도들에게 큰 사랑을 베푸시고 당연한 순종임에도 불구하고 은혜의 상을 내리신다고 하셨습니다. 이것은 하나님의 자비로운 성품이며 복음으로 인해서 고난받는 자들에게 주는 격려입니다. 이것은 또한 불의를 당한 자에게 주는 안식이기에 '하나님의 공의'입니다.

하나님께서 주시는 안식은 세상 안식처럼 일시적인 것도 아니고 불완전한 것도 아닙니다. 하나님께서는 신자들이 주님의 구원을 받은 날로부터 하나님의 안식을 누리기 시작하다가 내세 천국에서 새 몸으로 한껏 누리도록 계획하셨습니다. 바울은 데살로니가 교인들에게 이 마지막 단계의 안식으로 그들의 모든 고통과 환난이 다 갚아질 것을 특별히 언급하였습니다. 이처럼 우리가 고난 가운데 있을 때 기억해야 하는 것은 하나님께서 주시는 안식을 지상의 삶 속에서부터 부분적으로나마 체험할 수 있다는 것입니다. 그리고 주님의 재림 때 충만한 안식을 누리게 된다는 소망을 놓지 말아야 합니다. 우리는 힘들 때마다 이러한 주님의 약속에 의지하며 힘을 내고 믿음을 지켜야 합니다. 어렵다고 해서 하나님을 원망하거나 하나님의 사랑을 의심하지 말고 처음부터 끝까지 우리의 유익을 위해서 모든 일을 계획하시고 인도하시는 하나님을 신뢰해야 합니다.

그러려면 하나님께서 주시는 이 같은 안식에 대해서 확실히 배워야 하고 이러한 지식을 자신의 영적 자원이 되게 해야 합니다. 그런데 이런 말씀에는 귀를 기울이지 않고 그저 주여, 주여 하면서 울기만 한다면 고난을 통해서 오는 심령의 안식도 누리지 못하고, 미래의 안식을 바라보는 꾸준한 믿음도 기를 수 없습니다.

바울은 데살로니가 교인들에게 하나님께서 그들을 즉시 역경에서 풀어 주시고, 박해자들에게 재앙을 쏟아부으실 것이니 염려 말라고 위로하지 않았습니다. 그런 식이라면 고난의 길을 통해서 오는 인내와 겸비, 어려움에 부닥친 사람들에 대한 이해심과 같은 성품이 연마될 수 없을 것입니다. 그렇게 되면 시련을 견디지 못하는 유약한 신자가 되어 주님의 자랑과 칭찬이 되는 좋은 기회를 내던지게 되고 굳건한 믿음의 기초를 닦지 못합니다.

이 세상의 죄와 부패로부터 해방되고 새사람이 될 수 있는 길이 무엇입니까? 이 세상에서 나온 것으로는 인간을 구원할 수 없습니다. 인간이 만들어내는 것은 모두 자기 자원에 의존한 것입니다. 인간은 타락한 존재이므로 죄와 부패의 오염에서 스스로 정화할 수 없습니다. 오직 하나님의 아들로서 세상에 오신 예수 그리스도의 십자가 구원만이 죄인들을 성령의 능력으로 새롭게 재창조하고 새 뜻을 심어 주며 예수님이 가신 완전한 안식의 길로 들어서게 합니다.

예수님은 우리의 안식입니다. 예수께로 나아가면 쉼을 얻을 수 있습니다. 죽음을 정복하고 부활하신 주님께서 온 우주의 주권자로 오실 재림 사건은 악인들에게는 환난이지만, 신자들에게는 하나님의 변호를 받고 안식을 누리는 때입니다.

그러나 우리는 이때가 온다고 마냥 즐거워만 할 수 없습니다. 하나님의 공의의 심판은 우리로 하여금 악인들에 대한 동정심을 일으켜야 합니다. 그들은 회개하지 않으면 "주의 얼굴과 그의 힘의 영광을 떠나 영원한 멸망의 형벌"(9절)을 받을 것입니다. 우리는 이들의 형벌이 비록 마땅한 공의의 심판이지만 고소해 할 것이 아니고 늦기 전에 속히 주께로 돌아서기를 원해야 합니다. 이것이 하나님께서 원하시는 마음이기도 합니다. 하나님께서는 "아무도 멸망하지 아니하고 다 회개하기에 이르기를 원"(벧후 3:9)하십니다.

그래서 우리도 심판의 메시지를 단순히 우리를 위한 위로로만 삼을 것이 아니고, 복음을 몰라 멸망하는 자들을 위한 긍정적인 전도의 동기가 되게 해야 합니다. 바울 자신도 한때는 박해자였지만, 예수님을 만난 이후로 복음을 믿고 사도가 되었습니다. 주님은 교회를 박해했던 그의 과거를 용서하시고 그의 죄책을 다시 묻지 않으셨습니다.

우리도 한때는 무서운 심판을 받아야 했을 불신자들이었습니다. 그러나 주 예수의 십자가를 믿고 죄의 용서를 받아 하나님의 자녀가 되었습니다. 그렇다면, 다른 불신자들도 주님의 복음에 의해서 구원받도록 전도에 힘써야 합니다.

시련을 통해서 하나님의 공의와 은혜가 드러나야 합니다.

시련 자체가 하나님의 공의의 표라고는 말할 수 없습니다(5절). 그러나 세상의 불의를 통해서 하나님의 심판의 증거를 보려면 영적 분별력이 있어야 합니다. 우리는 겉으로 드러나는 불의만 보면 하나님을 원망하기 쉽습니다. 하나님께서는 자기 백성을 하나님 나라에 합당한 자로 여김을 받게 하려고 악인이 잠시 승리하게 허락하시고 끝에 가서 공의의 심판을 내리십니다.

바울은 외면적으로는 불의와 고통밖에 보이지 않는 상황에서 하나님의 정의를 보았습니다. 이것이 믿음의 눈입니다. 고난의 풀무 속에서 주님의 임재를 의식하고 주님이 주실 공의의 심판을 통찰하면 인내할 힘을 얻습니다. 고난 중에 힘이 되는 것은 이러한 성경의 가르침을 통해서 하나님의 손길을 의식하는 것입니다. 그래서 성경의 가르침을 잘 배우고 있다가 적용할 때가 오면 '아 이것이구나!' 하고 배운 말씀으로 격려와 위로를 받을 줄 알아야 합니다. 이것이 믿음의 행위이며 하나님의 은혜를 누리는 지혜입니다. 여러분은 불의 속에서 하나님의 의를 보고, 고통 속에서 하나님의 위로의 음성을 듣고 있습니까?

물론 우리가 모든 종류의 고난에서 하나님의 뜻과 공의를 발견하기란 쉽지 않을 수도 있습니다. 그러나 적어도 복음 때문에 받는 시련과 관련해서 하나님께서 내리실 미래의 심판은 분명 하나님의 공의입니다. 데살로니가 교회의 신자들을 박해한 자들은 복음의 진리를 배척하고 예수님을 구주로 영접하지 않았으므로 형벌을 받을 것입니다.

반면, 박해를 받으면서도 주님을 신뢰하고 복음을 부끄러워하지 않은 신자들은 안식의 갚음을 받을 것입니다. 시련은 이런 의미에서 하나님의 공의의 심판을 드러나게 합니다. 또한, 시련은 하나님께서 신자들과 함께하신다는 증거도 됩니다. 데살로니가 교인들이 박해를 받으면서 믿음과 사랑을 포기하지 않고 오히려 더욱더 주님을 신뢰하며 서로의 사랑을 홍수처럼 넘치게 할 수 있었던 것은 분명 하나님의 은혜가 작용했기 때문이었습니다. 그러니까 시련은 신자의 입장에서 보면, 평소에는 잘 느낄 수 없는 하나님의 은혜를 깊이 체험하게 하는 상황을 제공하고 또한 하나님의 공의가 예수님의 재림 때 밝히 드러나게 하는 매우 고무적인 의미를 지닌 것입니다.

우리는 각자가 겪는 시련에 관해서 올바른 반응을 보여야 합니다. 시련이 올 때 무조건 속히 없애 달라고 기도하기보다는 데살로니가 교인들처럼 믿음과 사랑을 더 실천할 수 있는 은혜를 내려달라고 간구해야 합니다. 그래야만 시련을 사용하시는 하나님의 더욱 큰 뜻이 잘 드러나고 결과적으로 우리에게도 하나님의 안식으로 갚음을 받는 더욱 큰 은혜를 체험하게 될 것입니다.

우리는 하나님을 많이 찬양해야 한다고 자주 말합니다. 찬송가만 많이 부른다고 하나님 찬양이 되는 것이 아닙니다. 찬양은 하나님의 은혜에 대한 감사와 감격을 음악의 수단으로 표현하는 것입니다. 그래서 찬양의 분량은 우리가 체험하는 은혜의 분량과 관계된 것입니다.

그럼 어떻게 해야 은혜를 많이 받고 하나님을 넘치게 찬양할 수 있을까요? 하나님께서는 여러 방법으로 은혜를 받게 하십니다. 적어도 시련을 통한 은혜는 적극적인 자세로 맞으면 큰 은혜가 됩니다. 먼저 우리가 시련이란 하나님께서 우리의 유익을 위한 도구와 하나님의 공의를 드러내는 자료로 사용하신다는 것을 알고 신뢰하는 것입니다.

그다음, 시련을 통해서 하나님의 능력과 사랑을 우리가 깊이 있게 깨닫게 하려는 하나님의 목적을 기억하고 긍정적인 기도를 하는 것입니다. 시련을 거두어 가 달라고 울고불고하는 기도가 긍정적인 기도가 아니고 시련에 담긴 하나님의 뜻과 목적이 성취되도록 기도하는 것이 긍정적인 기도입니다. 즉, 시련을 잘 견디도록 믿음을 주시고 고난의 삶 속에서 복음의 핵심인 그리스도의 사랑을 실천할 수 있는 능력을 달라고 기도하는 것이 적극적인 믿음의 기도입니다.

그래서 박해 속에서 믿음을 지키고 사랑을 행하게 될 때 그것이 하나님의 은혜의 증거인 줄 알고 주를 찬양하게 됩니다. 하나님께서는 그런 성도들에게 안식으로 갚아 주신다고 약속하셨습니다. 이 약속은 주님에 대한 믿음과 사랑이 한층 더 깊어지게 합니다. 고난 속에서 주를 섬기던 소수의 데살로니가 교인들이 주께서 환난을 받는 그들에게 하늘의 안식으로 갚아 주신다고 했을 때 얼마나 감격하였겠습니까? 그들은 자신들이 그동안 겪었던 고통을 생각할 때 하나님 나라의 영원한 안식에 대한 주님의 약속은 가슴이 뭉클하도록 감사했을 것입니다.

우리는 이러한 은혜의 체험이 많을수록 주님을 높이 찬양할 수 있습니다. 같은 찬송이라도 이런 체험을 안고 부르는 찬송은 심령 깊은 곳에서 울려 나와 저 높은 하나님의 은혜의 보좌에까지 닿습니다. 주께서 그 같은 찬송을 들으시면 과연 주께서 의도하셨던 시련을 통한 선한 뜻이 이루어진 것이기에 기뻐하십니다. 하나님께서는 불필요한 고난을 허락하지 않으십니다. 물론 우리가 겪는 많은 고난은 우리 자신의 죄와 어리석음 때문에 당하는 것도 있고 혹은 부패한 사회 시스템과 불완전한 인간들이 저지르는 실수나 부조리로 인해서 겪는 고통도 있습니다. 그래서 우리는 반드시 복음 때문에 겪는 시련이 아니더라도 하나님께서 우리에게 허락하시는 시련들을 통해서도 하나님의 공의가 드러나고 주님의 은혜가 체험되도록 믿음의 자세를 유지해야 합니다.

그러면 주께서 때때로 극한 고통에서 우리를 풀어주기도 하시고, 시련의 가시가 빠지게도 하십니다. 혹은 주께서는 자기 자녀들을 다니엘의 세 친구처럼 고난의 풀무 불에 들어가게 허락하십니다. 그리고 그들을 즉시 나오게 하시기보다는 주님 자신이 풀무 불 속으로 들어가셔서 그들을 보호하기도 하십니다(단 3:19-25). 그러나 이것은 하나님의 주권적인 결정에 의한 것이기에 우리가 선택하거나 통제할 수 있는 영역이 아닙니다. 우리는 원칙적으로 허락된 시련을 하나님의 뜻으로 알고 받아들여야 합니다.

주님은 고통이 올 때마다 당장 거두어 가시지 않습니다. 그렇게 되면 고난을 통해서 가르치고 연단시키려고 했던 중요한 목표들이 깨어지고 말 것입니다. 금방 모든 시련이 사라지면 금방 하나님께 감사하겠지만 그것이 하나님 나라의 발전과 성도의 믿음 생활에 크게 보탬이 될 수는 없을 것입니다. 그러나 자신이 거쳐 가는 고난의 삶 속에서 오직 주님의 영광만이 드러나도록 인내하며 살던 어느 날 주께서 시련을 거두어 가시면서 "하나님의 나라에 합당한 자로 여김을"(1:5) 받았다고 선언하신다면 어떻게 되겠습니까? 하나님에 대한 감사의 농도가 얼마나 짙을 것이며 하나님을 찬양하는 마음의 감격이 얼마나 크겠습니까? 그런 은혜의 체험을 한 자는 더 큰 시련이 올 때도 하나님을 신뢰할 수 있는 커다란 증거를 가지고 있기에 쉽게 흔들리지 않습니다. 바울이 데살로니가 교인들에게 가르치려고 한 것은 어떤 환경이든지 흔들리지 말고 하나님 나라에 합당한 자로 인정을 받아야 한다는 것이었습니다(1:5, 11; 2:15, 17).

데살로니가 교인들은 하나님으로부터 자랑거리가 되었고, 하나님 나라에 합당한 자들로 인정되었으며, 하나님의 공의의 실현에 긍정적으로 참여하는 자들이 되었습니다. 그래서 하나님께서는 그들에게 주님의 재림 때 하늘의 안식으로 모든 것을 갚아 주시겠다고 약속하셨습니다. 이것이 고난을 통해서 하나님께서 우리에게 주시려는 은혜입니다. 이 은혜에 참여하고, 이 은혜에 감격하여 하나님께 영광을 돌리는 것이 우리의 목표가 되어야 합니다. 그래야 우리의 '놀라운 미래'가 진정으로 우리의 것이 되고, 영혼 깊은 곳에서 우러나는 찬송으로 인해 하나님의 귀한 이름이 높임을 받게 될 것입니다.

7장
그 날의 영광
데살로니가후서 1:10-12

"그 날에 그가 강림하사 그의 성도들에게서 영광을 받으
시고 모든 믿는 자들에게서 놀랍게 여김을 얻으시리니 이
는 우리의 증거가 너희에게 믿어졌음이라"(살후 1:10).

예수님의 재림은 인류 역사의 대단원이 되는 사건입니다. 아
담과 하와의 타락 이후로 인류는 죄의 문제를 안고 지금까지 죽
음의 긴 행진을 계속하고 있습니다. 인류는 오랜 세월을 거치면
서 고도의 문명을 일으켰지만 '죄의 삯은 사망'(롬 6:23)이라는 저
주의 심판에서 벗어나지 못하였습니다. 인류는 죄의 삯을 쉴새
없이 지불하며 무덤을 향해 날마다 걸어갑니다. 죽음은 사방에
널려 있습니다. 어떤 형태로 죽든지 죽음은 누구에게나 찾아옵니
다. 죄 가운데서 태어나지 않은 자가 없고 죄를 짓지 않고 사는
자도 없습니다.
　그런데 인류의 운명이 이대로 영속되지는 않는다는 것이 성경

의 가르침입니다. 인류의 역사는 마치 연극처럼, 개막이 있고 그 다음 여러 막으로 연결되다가 대단원으로 폐막합니다. 이때를 구약 선지자들은 "그 날" 혹은 "주의 날"이라고 불렀습니다.

'그 날'은 역사의 대단원을 내리기 위해서 예수님이 재림하시는 때입니다. '그 날'은 옛 시대의 마침과 동시에 새 시대의 출발점입니다. '그 날'은 인류의 죄의 역사가 종식되고 하나님 나라의 구원의 역사가 완성되는 때입니다.

한편 '그 날'은 대 심판의 날이 될 것입니다. 하나님을 배척한 모든 불신자가 "영원한 멸망의 형벌"(1:9)을 받고, 하나님을 믿는 성도들은 그리스도 안에서 영광을 받게 됩니다. 그리고 악인이 없이 완전히 갱신된 새 하늘과 새 땅에서 성도들은 주님과 함께 영원토록 의로운 삶을 살게 될 것입니다.

예수님의 재림은 확실한 사건입니다.

예수님의 재림은 그냥 옛날부터 들어온 말이기에 그러려니 하거나 막연한 미래의 희망 사항이 되어서는 안 됩니다. 예수님의 재림은 기독교의 핵심 교리이긴 하지만, 중요한 것은 재림 사건이 사실이냐 아니냐 하는 것입니다. 재림 사건은 교리적인 필요성 때문에 생긴 것이 아니고 사실이기 때문에 핵심 교리로 자리를 굳혔습니다.

그런데 예수님의 재림이 확실하다는 것을 어떻게 확신할 수 있습니까? 무엇보다도 예수님의 초림 사건이 재림의 확실성을 받쳐 줍니다. 예수님이 세상에 메시아로 오신다는 약속은 구약 선지자들을 통해서 수백 년간 예고되었습니다. 그러다가 예수님이 마침내 유대 베들레헴에서 약 2천 년 전에 아기로 태어나셨고 30년 이상을 사시다가 빌라도 총독의 판결로 십자가에서 처형되었습니다. 이것은 너무도 확실한 역사적 사실입니다. 그다음, 예수님은 죽음을 이기고 부활하셨는데 이 사실도 성경에 실린 목격자들의 증언과 당시의 기록에서 충분히 입증될 수 있는 역사적 사건입니다.

예수님은 부활하신 후에도 40일 동안 지상에 계시면서 많은 사람을 만나셨고 계속해서 하나님 나라에 대한 가르침을 주셨습니다. 그리고 제자들이 다 보는 앞에서 육신의 몸을 지닌 채로 하늘로 승천하셨습니다. 그때 천사들이 하늘로 올라가시는 예수님을 쳐다보고 있는 제자들에게 예고하였습니다.

"너희 가운데서 하늘로 올려지신 이 예수는 하늘로 가심을 본 그대로 오시리라"(행 1:11).

예수님의 재림에 대한 약속은 예수님 자신의 증언을 포함해서 신약에서 250회 이상이나 나옵니다. 예수님의 초림에 대한 구약 예언이 역사적인 사실이 되었다면, 예수님의 재림에 대한 약속과 예언도 확실히 일어날 것으로 보지 않을 수 없습니다. 예수님의 재림의 확실성은 하나님의 거룩한 속성에 비추어 보아도 반드시 발생할 사건입니다. 하나님께서는 죄로 오염된 이 타락한 세상을 구출하기로 작정하셨습니다. 그래서 예수 그리스도를 세상에 보내시고 죽어가는 인간들이 대속의 십자가를 믿고 구원을 받을 수 있는 길을 여셨습니다. 이것은 하나님의 크신 사랑과 희생의 결과입니다. 그런데도 여전히 하나님의 주권과 사랑의 십자가를 멸시하며 죄악 된 삶에서 돌아서지 않는 인간들은 하나님의 심판을 받습니다.

하나님께서는 죄를 용인하실 수 없습니다. 하나님의 거룩은 불의와 죄악을 좌시할 수 없기 때문입니다. 성경은 하나님의 심판을 거듭하여 경고해 왔습니다. 하나님께서는 죄가 가득 찰 때 어떤 심판이 내리는지를 보여주려고 노아의 홍수가 일어나게 하셨고, 바벨탑 건설이 실패하게 하셨으며, 소돔과 고모라를 완전히 멸망시켰습니다. 하나님께서는 그 이후로 지금까지 인류의 죄악을 오래 참아 오셨습니다. 그 까닭의 하나는 한 사람이라도 회개하고 예수 그리스도를 믿어 멸망되지 않게 하기 위한 것입니다 (벧후 3:9). 그러나 하나님의 인내에는 한계가 있습니다. 하나님께서 도무지 세상의 죄악을 견딜 수 없는 때가 오면, 예수님을 다시 보내시고 온 세상의 악인들을 심판하실 것입니다. 그러므로 예수님의 재림은 하나님의 거룩하신 속성을 드러내기 위해 반드시 발생할 사건입니다.

예수님이 받으실 재림의 영광

예수님의 재림 사건은 너무도 큰 우주적인 대 사건이기 때문에 이를 다 설명할 수도 없고 이해할 수도 없습니다. 그래서 성경은 '천사들의 대동', '호령 소리', '불꽃', '나팔소리', '구름' (살전 4:16; 살후 1:7; 계 1:7)등과 같은 상징적인 표현을 많이 사용하여 예수님의 재림 사건을 부분적으로나마 알리려고 애씁니다.

바울의 강조점은 예수님의 영광된 신분이 재림 때 환하게 드러나게 된다는 것입니다. 예수님의 재림은 가시적이므로 모든 사람이 눈으로 주님을 볼 것입니다(계 1:7). 예수님은 초림 때 제한된 인간의 몸으로 사역하셨습니다. 그때에는 사람들이 예수님을 나이가 많지 않다고 무시하였고(요 8:57), 욕도 하며 구타도 하였습니다. 그리고 십자가에 못 박아 죽이기까지 했습니다. 제자들은 예수님이 피곤하여 곤히 주무시는 것도 보았고, 시장하여 무화과나무 열매를 찾으시는 것도 보았습니다. 그들은 예수님이 십자가를 앞두고 심히 고통스러워하시는 모습도 목격하였고, 예루살렘 성을 내려다 보시면서 우시는 것도 보았습니다. 그러나 재림하실 때는 "호령과 천사장의 소리와 하나님의 나팔 소리"(살전 1:16)와 "구름을 타고"(계 1:7) 오신다고 했습니다. 이러한 표현들은 하나님의 행차에 따르는 거대한 영광과 능력의 상징들입니다(출 24:15-18).

재림하시는 주님은 전능하신 절대자의 모습입니다. 성도들이 현재 지상에서 체험할 수 있는 예수님은 극히 부분적입니다. 성도들은 성령의 도우심으로 예수님의 성품과 능력을 배우면서 희미하게나마 주님의 위대하심을 봅니다. 그러나 실제로 얼굴을 맞대고 보는 것과는 다른 차원의 낮은 수준이라고 할 수 있습니다. 세 명의 사도들이 변화산에서 목격한 예수님의 모습도 재림의 영광에 비하면 그저 희미한 그림자에 불과합니다.

재림 때의 예수님은 초월적인 영광으로 하늘 보좌에서 내려오시는 만왕의 왕이시며 대주제이십니다. 그래서 그분의 영광에 세상의 모든 다른 영광이 사라지고, 악인들은 예수님의 얼굴에서 비쳐 나오는 강렬한 빛의 영광을 감당하지 못하고 멸망될 것입니다(1:9). 이로써 예수님의 신적 신분이 만천하에 드러나게 되고 창세로부터 구원받은 모든 신자가 함께 모여서 주 예수의 크신 영광을 찬미하며 경배하게 될 것입니다. 예수님의 재림 때는 주님의 신적인 신분이 발휘하는 가시적인 영광을 모든 성도가 볼 것이기에 누구나 놀라워하며 하나님의 구원의 은혜를 깊이 감사할 것입니다.

한편, 주님은 "그의 성도들에게서"(10절) 영광을 받으신다고 했는데 본문은 문자적으로 옮기면 "그의 성도들 안에서" 영광을 받으신다는 말입니다. 성도들은 재림 때 주님의 신령한 광채를 보고 큰 감동으로 찬양하며 당연히 주께 영광을 돌릴 것입니다. 그러나 주께서 영광을 받으시는 것은 여기서 그치지 않고 성도들 자신 속에서 드러나는 주님의 의로 인해서도 영광을 받으실 것입니다(비교. 요 17:10). 즉, 예수님은 자기 백성들 속에서 십자가로 성취한 구원의 의가 비쳐 나오는 것을 보시고 기뻐하실 것입니다. 그것은 구속을 성취하기 위한 예수님의 수고와 희생의 표지입니다. 그때 우리는 주님의 위대하신 영광을 각자가 받은 은혜에 따라 마치 거울처럼 반사할 것입니다. '성도들 안에서' 비쳐 나오는 구원의 의와 주님의 형상으로 인해 우리는 주님의 승리의 트로피로서 온 우주의 회중들 앞에 높이 들려질 것입니다(롬 8:29).

우리는 원래 사망의 형벌을 받고 하나님의 영광으로부터 떨어져 나가야 할 죄인들이었습니다. 그러나 예수님의 속죄를 믿고 주님의 의를 받아 마침내 주님의 영원한 영광에 참여하게 되었습니다. 이것은 오직 하나님의 측량할 수 없는 사랑과 예수님의 십자가 희생의 덕분입니다. 그래서 하나님께 모든 영광이 돌아가지 않을 수 없습니다. 예수님은 십자가로 가시기 전에 제자들을 위해서 하늘 아버지께 중보 기도를 올렸습니다. 그때 말씀하시기를 "내가 그들로 말미암아 영광을 받았나이다"(요 17:10)라고 하셨습니다. 제자들은 비록 실수가 잦고 믿음이 굳세지 못할 때가 많았지만, 예수님이 하나님의 보내심을 받은 메시아이심을 믿고 주님을 섬겼기 때문입니다(요 17:6-8).

우리의 순종과 봉사의 삶에는 적지 않은 흠이 있습니다. 그래도 주님의 대속을 믿고 하나님의 아들딸이 된 것은 하나님의 놀라운 구원의 은혜와 능력에 대한 증거이기에 주께 영광이 됩니다. 그렇다면 우리는 더욱더 주님의 구원이 빛나도록 우리 자신 속에서 그리스도의 형상과 의가 드러나도록 힘써야 할 것입니다.

성도들이 예수님의 재림 때 받을 영광

예수님의 재림은 성도들의 몸이 새 몸으로 부활하고 예수님의 영광을 반사하는 때입니다. 예수님은 자신의 영광을 우리가 확연하게 볼 수 있도록 드러내시고 우리의 몸과 마음과 정신이 주님의 영광을 감당할 수 있도록 변화시킬 것입니다. 만일 주께서 우리에게 영생을 누리기에 적합한 새 몸을 주시지 않는다면, 아무도 주님의 거룩한 광채와 초월적인 신성의 임재를 감당하지 못할 것입니다. 물론 신자들은 지상에서 예수님의 영광에 대해서 배우고 또 희미하게나마 주님의 영광을 보기도 합니다. 그러나 재림 때 나타나는 주님의 충만한 영광은 아무리 거룩한 성도라도 새 몸을 받지 않으면 전혀 감당하지 못할 것입니다.

이사야 선지자는 보좌에 앉으신 주님의 환상을 보고 "화로다 나여 망하게 되었도다"(사 6:5)라고 부르짖었고, 사도 요한은 밧모섬에서 예수님의 환상을 보고 "그의 발 앞에 엎드러져 죽은 자 같이"(계 1:17) 되었다고 했습니다. 하물며 주님의 온전한 영광을 실제로 보고서 살아남을 자가 누가 있겠습니까? 그래서 성도들은 부활의 새 몸을 받아야 합니다. 그때는 우리 몸에서 예수님이 넣어 주신 의와 영광이 반사될 것입니다. 예수님이 아버지의 영광을 비추셨듯이, 우리도 그리스도의 영광을 비출 것입니다(요 14:13). 그때부터 우리는 주님의 영광이 어떤 것인지를 온 세상에 영원토록 증언하는 은혜의 증인들이 되어 다시는 죄와 고통이 없는 새로운 세계에서 세세토록 복락을 누릴 것입니다.

이제 잠깐 던져 보아야 할 질문이 있습니다. 우리는 주의 재림 때 받게 될 이러한 영광에 도취하여 오늘의 어려움을 딛고 주님을 더욱 사모하며 살고 있습니까? 바울이 재림 교리를 언급한 목적은 일차적으로는 박해를 받는 데살로니가 교인들을 격려하기

위한 것이었습니다. 또한, 그들이 더욱 신실하게 주님을 섬기도
록 촉구하기 위한 것이었습니다. 우리는 재림 소망은 강조하면서
도 그것이 현재의 믿음 생활에 어떤 영향을 주어야 하는지는 진
지하게 다루지 않는 경향이 있습니다. 그러나 바울은 재림의 영
광을 언급하고 나서 즉시 실제적인 성도의 삶에 적용하였습니다.

재림 교리는 우리의 거룩한 삶을 촉진하는 동기 부여가 되어야 합니다.

"이러므로 우리도 항상 너희를 위하여 기도함은…"(살후
1:11).

재림 교리는 바울 자신에게 기도의 동기 부여가 되었습니다.
여기서 주목할 점은 "이러므로"라는 말의 문맥입니다. 그것은 예
수님의 재림과 관련된 불의한 자들에 대한 하나님의 심판과 주님
과 성도들의 영광에 대한 것입니다. 그러나 본 절의 초점은 영광
의 주제에 잡혀 있습니다. 이 영광은 구름을 타고 오시는 주님의
신적 영광이며, 성도들로부터 반사되는 주님의 형상과 구원의 의
입니다. 그래서 주님의 재림은 예수님의 눈부신 신적 신분뿐만
아니라 성도들의 존재가 누구라는 것이 드러나는 사건입니다.
　바울의 기도는 이러한 재림의 영광을 염두에 둔 교리적인 기
도였습니다. 우리의 기도도 복음의 진리에 기반을 둔 '이러므로'
의 내용을 갖추고 있어야 합니다. 비록 일상적인 주제를 놓고 기

도한다고 하여도 우리의 삶이 주께 바쳐진 것이라면, 먹고 마시고 일하는 모든 활동이 주님의 영광에 직접 간접으로 연결되어야 합니다. 그러려면 복음의 교리에 익숙해야 합니다. "이러므로"가 전제하는 복음의 진리는 우리의 삶의 방향과 목적을 밝혀 줍니다. 바울은 재림 교리를 숙지했으므로 이에 비추어 데살로니가 교인들을 위해서 어떻게 기도해야 할지를 알았습니다. 바울의 기도 내용을 보면 어려운 것도 아니고 특별한 계시를 받아야만 할 수 있는 것도 아님을 알 수 있습니다. 재림 사건에 비추어 볼 때, 누구도 쉽게 생각해 낼 수 있는 극히 상식적이고 논리적인 내용입니다.

첫째, 하나님의 부르심에 합당한 자가 되게 해 달라는 것입니다.

"우리 하나님이 너희를 그 부르심에 합당한 자로 여기시고…"(11절).

바울은 앞에서도 데살로니가 교인들이 받는 고난은 그들이 하나님 나라에 합당한 자로 여김을 받게 하려 함이라고 했습니다 (1:5). '합당한 자'란 천국에 들어갈 자격이 있다는 뜻이 아닙니다. 혹은 믿음으로 받은 구원을 상실할 가능성을 내비친 말도 아닙니다. 바울은 데살로니가 교인들이 이미 그가 전한 복음의 증거를 믿었다고 했습니다(10절). 그러므로 바울은 데살로니가 교인들의 구원을 위해서 기도한 것이 아닙니다. 그럼 그의 기도는 무엇을 위한 것이었을까요?

한 마디로 상에 대한 것입니다. 바울은 데살로니가 교인들이 '천국에 들어가기에 합당한 자'가 되게 해 달라고 하지 않고 "그 부르심에 합당한 자"로 여겨지게 해 달라고 했습니다. '그 부르심'이란 천국에 들어오라는 부르심이 아니고 이 세상에 살면서 하나님께서 성도들에게 주시려고 하는 은혜의 축복들을 받아 누릴 수 있는 신실과 순종의 부름입니다. 그래서 마지막 날에 주님으로부터 착하고 충성스러운 종이라는 칭찬의 상을 받도록 하라는 것입니다. 이 상은 곧 주님의 형상을 닮고 주의 이름을 높이는 지상에서의 삶과 관계된 것입니다. 신자들은 누구나 이러한 부름에 합당한 삶을 살도록 구원을 받았습니다. 그래서 바울은 골로새서에서 성도들은 "무슨 일을 하든지 마음을 다하여 주께 하듯 하고 사람에게 하듯 하지 말라"(골 3:23)고 교훈한 후에 이어서 "이는 기업의 상을 주께 받을 줄 아나니 너희는 주 그리스도를 섬기느니라"(골 3:24)고 했습니다. 그는 또 빌립보서에서도 이것을 "하나님이 위에서 부르신 부름의 상"(빌 3:14)이라고 표현하였습니다.

둘째, 하나님의 능력으로 주님의 부르심에 합당한 일을 하게 해 달라는 것입니다.

"모든 선을 기뻐함과 믿음의 역사를 능력으로 이루게 하시고"(11절).

우리는 은혜에 의하여 믿음으로 말미암아 구원을 받았습니다(엡 2:8). 그런데 구원을 받은 자들은 "그리스도 예수 안에서 선한 일을 위하여 지으심을 받은 자"(엡 2:9)입니다. 구원의 한 중요한 목적은 주님의 가르침에 따라 선한 일을 하는 것입니다(딛 2:14). 이것은 우리의 손발이 요구되는 일입니다. 하나님께서 주시는 구원은 은혜의 선물입니다. 그러나 선물은 가만히 모셔 놓고 있는 것이 아니고 사용해야 합니다. 선물을 준 편에서는 받은 이가 그 선물을 사용하면서 즐거워하기를 원합니다. 선물을 받은 사람이 열어보지도 않거나 어쩌다가 한 번씩 사용한다면 선물의 가치가 드러나지 않을 것입니다. 구원도 이처럼 실생활에서 체험되어야 하고 구원의 선물 속에 담긴 하나님의 선한 뜻이 주님에 대한 순종의 삶으로 나타나야 합니다. 그러기 위해서는 결심이 필요합니다. 바울은 이것을 '모든 선을 기뻐함'이라고 표현했습니다. 여기서 '기뻐함'(헬. 유도키아)이란 단순히 즐거워한다는 의미를 넘어 강렬한 열망과 결의를 뜻합니다.

우리에게는 성도의 삶을 실천하려는 강한 결단이 있어야 합니다. 하나님께서는 우리를 은혜로 구원하시고 주님을 위해서 살아야 한다는 새로운 목적의식을 심어 주셨습니다. 우리에게는 주님의 나라와 복음을 위해서 해야 할 많은 선한 일들이 쌓여 있습니다. 그런데 이것은 마음으로만 되지 않습니다. 실천을 위한 강한 열의가 있어야 합니다.

그러나 우리가 기억해야 할 것은 주님을 위한 모든 활동이 성취되기 위해서는 하나님의 능력으로 지원을 받아야 한다는 사실입니다. 그래서 바울은 2장 17절의 기도에서도 하나님께서 데살로니가 교인들의 "모든 선한 일과 말에" 흔들림이 없도록 도움을 간구하였습니다. 우리는 주님을 섬기기 위해서 우리의 손발을 사용해야 하지만, 주님의 능력에 항상 의존해야 한다는 점을 명심해야 합니다.

우리의 "믿음의 역사"에도 하나님의 지원이 있어야 합니다. 믿음은 정적인 것이 아니고 동적인 것입니다. 속으로 예수님을 혼자 가만히 믿는다고 말하는 것은 믿음의 본질을 오해한 것입니다. 믿음으로 예수 그리스도의 십자가 대속을 받았으면 계속해서 주님을 신뢰하며 하나님께서 주시는 능력에 의지하면서 주님의 선한 뜻을 이루어야 합니다.

신자의 구원은 예수 그리스도를 대속주로 믿는 순간에 확보된 것입니다. 그러나 바울은 여기서 모든 것이 끝났다고 가르치지 않았습니다. 다시 말해서 한 번 구원을 받았으니까 그다음부터는 어떻게 살든지 안심이라거나 주님의 가르침에 실천적인 관심을 두지 않아도 된다는 식의 구원론으로 교인들을 격려하지 않았습니다.

데살로니가 교회는 큰 박해를 받고 있었습니다. 그런데도 그들은 계속해서 하나님의 능력에 의존하며 주의 선한 뜻에 따라 선을 행하며 살아야 한다고 강조하였습니다. 그것은 곧 미래의 영광에 직접적인 영향을 주는 일이었습니다. 신자는 주님이 보시기에 거룩한 삶을 위한 '부르심에 합당한 자'로 인정을 받아야 합니다. 신자들은 주님의 재림 때 주님의 영광을 자신의 삶 속에서 반사해야 할 책임이 있습니다.

주께서 우리를 구원하신 목적의 하나는 그리스도의 영광이 우리 속에서 밝게 반사되게 하는 것입니다. 이것이 우리를 향한 주님의 선한 뜻입니다(12절). 이 거룩한 뜻을 성취하기 위해서 우리는 마음의 옷깃을 여미고 미래에 온전히 변화될 우리의 새로운 모습과 주님의 영광을 보게 될 기쁨에 차서 거룩한 삶을 살아야 하겠습니다. 바울은 이와 같은 종말론적인 재림 사건의 비전으로 동기부여를 받아 데살로니가 교회를 위해 간절히 기도하였습니다.

> "우리 하나님과 주 예수 그리스도의 은혜대로 우리 주 예수의 이름이 너희 가운데서 영광을 받으시고 너희도 그 안에서 영광을 받게 하려 함이라"(1:12).

바울의 기도는 박해 속에 있던 데살로니가 교회에 주는 커다란 위안의 말로 마칩니다. 데살로니가 교회는 외부로부터 가해지는 비난과 멸시, 재정적 손실과 미래에 대한 불안 등으로 고통을 받았습니다. 이런 상황에 있는 자들에게 선행을 굳게 결심하고 더욱 거룩한 삶을 살아야 한다는 권면은 그다지 달갑게 들리지 않았을지 모릅니다. 우리가 그들의 처지에 있었다면 무슨 말을 듣고 싶었을까요? 주께서 당장 재림하셔서 우리를 괴롭히는 원수들을 지옥으로 내던지고 우리에게는 면류관을 씌워 준다는 소식이 아니었을까요? 복음은 단기적으로 보면 비관적이고, 장기적으로 보면 낙관적이라는 말이 있습니다. 일리가 있는 관찰입니다. 우리는 소망으로 사는 자들입니다. 바울은 말합니다.

> "우리가 소망으로 구원을 얻었으매 보이는 소망이 소망이

아니니 보는 것을 누가 바라리요 만일 우리가 보지 못하는 것을 바라면 참음으로 기다릴지니라"(롬 8:24-25).

이 같은 소망이 있기에 환난을 참고 성화의 삶을 살 수 있습니다(롬 12:12). 데살로니가 교인들에게 바울이 주는 메시지는 현재의 고난에 마음이 붙들리지 말고 장기적으로 보라는 것이었습니다. 바울은 그들에 대한 하나님의 뜻이 믿음과 사랑의 삶을 통해서 예수님의 이름이 높임을 받고 그들 또한 예수님 안에서 주의 부르심에 합당한 자라는 인정을 받게 하는 것이라고 밝혔습니다.

그들은 세상눈으로 보면 미움과 경멸의 대상이지만, 주님은 그들이 선행을 결단하고 믿음으로 행하는 삶을 통해 영광을 받으신다고 했습니다. 그뿐만 아니라 그들도 예수님 안에서 영광을 누린다고 했습니다. 이것은 데살로니가 교회가 들을 수 있는 가장 복된 말씀이었습니다. 그들은 세상에서 힘들게 살지만, 세상의 어떤 세력도 빼앗을 수 없고 침범할 수 없는 예수님의 품 안에 들어갈 자들입니다. 그들과 예수님과의 관계는 이보다 더 가까울 수 없었습니다. 이것은 "우리 하나님과 주 예수 그리스도의 은혜대로" 되는 일입니다. 이 소망은 우리가 주를 위해 모든 것을 참고 살아야 한다는 강력한 동기부여입니다.

우리는 고난 받는 성도들에게 당장 일이 잘 해결될 것이라는 식의 무책임한 발언을 하는 경향이 있습니다. 물론 선의의 뜻이 깔린 것이지만, 습관처럼 생각 없이 항상 그런 식으로 말해 버리면 고난을 통한 성숙의 필요성을 막는 셈이 됩니다. 우리는 복음으로 어려움을 겪을 때마다 바울처럼 확실한 미래의 소망에 비쳐 힘을 내고 오늘의 거친 삶을 "부르심에 합당한 자로" 여김을 받을 기회로 삼아야 하겠습니다.

　우리는 주의 재림 때 그리스도의 영광을 목격할 것입니다. 그때 주님께서는 우리의 찬송과 찬사를 받으실 것입니다. 그런데 그때는 주님께서 자신의 영광이 우리 속에서 비치고 있는지를 확인하시는 때이기도 합니다. 이것은 매우 엄숙한 일입니다. 우리는 주님의 영광을 재림 때 볼 것이라는 기대에 부풀어 있습니다. 그런데 주님께서도 우리의 삶 속에서 주님의 영광이 반사될 것이라는 기대에 부풀어 계십니다. 나는 주님의 이러한 기대에 대해서 어떻게 준비하고 있습니까? 지상의 삶 속에서 주님의 영광을 드러내고 주의 이름을 높이는 합당한 삶을 살지 않으면 주께서 다시 오실 때 어떻게 되겠습니까? 주의 영광이 내 속에서 비치지 않으면 주께로부터 무슨 칭찬이 있으며 무슨 자랑이 있겠습니까?

　주님은 우리가 세상에 사는 동안 주의 영광을 반사할 수 있도록 도우십니다. 우리 속에서 내주하시는 성령은 우리가 주님의 형상을 닮도록 날마다 가르치고 인도하기를 원하십니다. 우리가 가진 영광의 소망은 하나님께서 공급하시는 능력에 의해 모든 선을 기쁨과 믿음으로 행할 때 더욱더 굳건해집니다. 어느 날 주께서 홀연히 재림하실 것입니다. 주께서 다시 오시는 "그 날에" 주 예수를 위해 합당한 삶을 사는 성도들은 주의 영광에 참여하는 형언할 수 없는 기쁨을 누리게 될 것입니다.

8장

불법의 사람과 재림

데살로니가후서 2:1-5

이제부터 바울은 본 서신의 중심 주제를 다루기 시작합니다. 바울은 데살로니가전서에서 주님의 재림에 대한 가르침을 주었습니다. 바울이 데살로니가전서를 쓸 당시에 데살로니가 교회는 재림의 임박성을 독단적으로 주장하는 자들의 영향을 받고 있었습니다. 그들은 자신들이 살아 있는 동안에 주님의 재림을 보게 될 것이라는 가르침을 듣고 혼란에 빠졌습니다. 이미 죽은 성도들이 있었기 때문입니다. 그래서 소천한 자들은 주림의 재림에 참여하지 못하지 않겠느냐고 염려하였습니다.

바울은 그런 것이 아니고 먼저 죽은 성도들도 주님이 재림하실 때 부활하여 주님을 맞이할 것이라고 알려 주었습니다(살전 4:13-16). 그리고 예수님의 재림 때 생존한 성도들은 부활한 성도들과 함께 공중으로 이끌려 주님을 만나게 된다고 가르쳤습니다(살전 4:17). 바울의 요점은 예수님의 재림 때는 먼저 죽은 성도들이나 생존하는 성도들이 주님을 뵙는 일에 전혀 차이가 없다는 것이었습니다.

그런데 바울이 데살로니가후서를 쓸 당시에는 일부 교인들이 주의 날이 이미 도착했다고 말하는 자들 때문에 마음이 흔들렸습니다. 아마 예수님이 비밀리에 재림하셨다고 주장하는 무리가 있었던 것 같습니다. 그래서 바울은 주님의 임박한 재림이나 혹은 이미 도착했다고 하는 그릇된 재림론을 바로잡아 주어야 했습니다. 또한, 재림 문제로 흥분하여 정상적인 생활을 하지 않는 자들에 대한 지침을 주기 위해 본서의 나머지 부분을 할애하였습니다.

그럼에도 본서의 재림론에 대한 오용은 도를 지나칠 정도입니다. 종말론자들은 멸망의 시기와 예수님의 재림 날짜를 놓고 사람들을 미혹합니다. 그들은 종말에 대한 인위적인 예언 프로그램을 짜놓고 불건전한 호기심과 두려움을 일으키며 세상 문제를 마음대로 해석합니다. 인간은 어떤 문화권에서 살든지 미래를 알고 싶어 합니다. 그래서 장래 일이라면 점도 치고 무당도 찾아다닙니다. 이것은 교육 수준과도 상관이 없습니다. 인간은 자신의 운명에 대한 본능적인 호기심이 있기에 종말에 대해 큰 관심을 보입니다. 현대인들이 대기오염과 기온 변화를 비롯한 환경 문제에 지대한 관심을 쏟는 이유도 미래에 대한 운명이 두렵기 때문입니다.

성경은 세상에서 일어날 미래의 일들을 예고합니다. 그러나 하나님께서 알려주시는 것 이상을 알려고 해서는 안 됩니다. 하나님께서 허락하시지 않는 것을 파내려고 하면 부작용이 옵니다. 종말에 대한 관심이 지나쳐서 성경의 예언을 자기 마음대로 해석한 종말 스케줄을 짜는 일을 경계해야 합니다. 성경은 종말에 대한 예언을 순차적으로 자세히 기록하거나 혹은 도표를 그리듯이 체계화하지 않습니다. 종말에 관한 많은 부분은 여백으로 남아 있습니다. 우리는 계시된 내용만 알고 있으면 충분합니다.

예수님의 재림 전에 배교와 불법의 사람이 나타날 것입니다.

"누가 어떻게 하여도 너희가 미혹되지 말라 먼저 배교하는 일이 있고 저 불법의 사람 곧 멸망의 아들이 나타나기 전에는 그 날이 이르지 아니하리니"(살후 2:3).

하나님께서는 예수님의 재림에 대한 계시를 총괄적으로 다 알려 주시지 않았습니다. 예수님이 다시 이 세상에 오시는 날짜는 아무도 모릅니다. 예수님까지도 지상에 계실 때는 자신의 재림 날짜를 모르셨습니다(막 13:32). 예수님의 재림은 믿지 않거나 준비하지 않은 사람들에게는 갑자기 닥치는 재앙입니다(눅 21:34-36). 그렇다고 해서 재림 시기에 대한 조짐이나 징조가 없는 것은 아닙니다. 본문은 예수님의 재림 전에 두 가지 사건들이 선행할 것이라고 말합니다. 하나는 배교가 일어나는 것이고 다른 하나는 불법의 사람이 나타나는 것입니다.

배교란 무엇입니까?

'배교'(헬. 아포스타시아, 3절)라는 말은 원래 군사적 반란이나 정치적 탈당을 의미하는데 성경에서는 하나님을 대항하는 종교적 배도에 사용되었습니다. 그래서 "배교하는 일"은 여호와 하나님을 버리고 다른 신을 쫓는 배신행위입니다. 예수님의 재림 이전에 선행적으로 발생할 배교는 소수의 개인들이 하나님을 배반하는 것이 아니고 대규모로 일어나는 집단적인 성격을 가진 것입니다. 이러한 배교의 선례로서는 이스라엘 백성이 가나안에 들어갔을 때 바알 신을 섬긴 것을 들 수 있습니다. 바알 숭배는 한 두 사람이 아닌, 절대다수의 백성이 가담했던 배교였습니다. 사실상 하나님께서는 이럴 가능성을 미리 내다보시고 모세를 통해서 경고하셨습니다.

> "너희는 스스로 삼가라 두렵건대 마음에 미혹하여 돌이켜 다른 신들을 섬기며 그것에게 절하므로 여호와께서 너희에게 진노하사 하늘을 닫아 비를 내리지 아니하여 땅이 소산을 내지 않게 하시므로 너희가 여호와께서 주신 아름다운 땅에서 속히 멸망할까 하노라"(신 11:16-17).

이스라엘 백성은 사사 시대의 우상 숭배를 버리지 못한 채 왕정 시대로 넘어갔고 그 후 남북으로 분열되면서 북이스라엘의 배도가 더욱 노골화되었습니다. 특히 아합 시대는 이세벨 왕비의 영향으로 바알 종교가 엘리야 선지자의 활동에도 불구하고 여호와 종교를 거의 몰아내다시피 하였습니다.

그럼 배교의 원인은 무엇일까요?

배교는 박해와 같은 위기가 올 때 흔히 발생합니다. BC 63년에 로마의 폼페이(Pompei) 장군이 이스라엘을 침략했을 때 여호와 하나님을 버린 유대인들이 많았습니다. 믿음을 저버리는 일은 세속 사상이나 물질주의 영향으로 생기기도 합니다. 현대 사회에는 고대 이스라엘이 따랐던 것과 같은 우상 숭배는 없습니다. 그러나 사상적인 면에서 인본주의, 무신론적 진화론, 물질주의, 성공주의, 엔터테인먼트(entertainment) 문화 등이 현대인들의 우상입니다. 이러한 영적 배도의 분위기가 조성되면 거짓 선지자들이 활개를 치고 많은 사람을 미혹하며 하나님에 대한 사랑이 식어집니다(마 24:12).

바울은 이러한 배교가 예수님의 재림을 앞두고 성행할 것을 예고하였습니다. 배교는 교회 밖에서는 일어나지 않습니다. 교회 안에 들어온 사람 중에서 교회를 등지거나 복음을 부인하는 자들이 생깁니다. 말은 신자라고 하지만 그들은 위기가 올 때 예수님 안에 머물지 않고 주님을 따르는 삶을 내던집니다. 이들은 사실상 처음부터 그리스도의 몸속으로 들어온 자들이 아니므로 배도 때 자신의 정체를 드러냅니다. 그래서 사도 요한은 그런 사람들을 보고 말합니다.

> "그들이 우리에게서 나갔으나 우리에게 속하지 아니하였
> 나니 만일 우리에게 속하였더라면 우리와 함께 거하였으
> 려니와 그들이 나간 것은 다 우리에게 속하지 아니함을
> 나타내려 함이니라"(요일 2:19).

예수 그리스도께 속한 하나님의 자녀들도 극심한 박해나 다른
형태의 위기 앞에서 사랑이 식기도 하고 본의 아닌 타협을 하기도
합니다. 그러나 진정으로 주님께 속한 성도는 지속적으로 예수 그
리스도에 대한 믿음을 저버리지 않습니다. 우리나라의 최근 동향
을 보면 반기독교 운동에 가담하여 교회를 비난하는 사람 중에는
상당수가 과거에 교회에 다녔던 사람들입니다. 이들은 교회의 부
정적인 문제들로 실망한 경험이 있습니다. 그럴지라도 만약 그들
이 성령과 복음으로 거듭났다면, 예수님이 하나님께서 보내신 대
속주라는 사실은 결코 부인하지 못할 것입니다. 배도는 하나님에
대한 믿음의 진위와 사랑의 진실성을 정직하게 밝혀 줍니다.

불법의 사람은 누구입니까?

> "그는 대적하는 자라 신이라고 불리는 모든 것과 숭배함
> 을 받는 것에 대항하여 그 위에 자기를 높이고 하나님의
> 성전에 앉아 자기를 하나님이라고 내세우느니라"(2:4).

예수님의 재림 이전에 많은 배도와 함께 '불법의 사람'(2:3)이 나타난다고 했습니다. 불법의 '사람'이라고 했으므로 사탄이 아니고 특정 인물인 것을 알 수 있습니다. 이 사람은 하나님을 대적하는 자입니다. 대표적인 전례로서는 다니엘서 8장에서 "작은 뿔"(단 8:9)로 예언된 BC 2세기의 시리아 왕인 안티오쿠스 4세 에피파네스(Antiochus Ⅳ Epiphanes)를 들 수 있습니다. 그는 구약 시대의 적 그리스도(Anti-christ)에 해당하는 인물입니다.

그는 자신의 통치 말년에 유대교를 말살하려고 많은 유대인들을 학살했습니다. 그는 자신을 에피파네스(신의 나타남)라는 칭호로 신격화시키고 예루살렘의 성전 제사를 중단시켰습니다. 그는 BC 168년에 지성소에 들어가서 은금으로 된 제사용 용기(用器)들을 약탈하고 그다음 해에 성전의 번제단에 제우스 신상을 세웠으며 돼지를 제물로 바쳤습니다. AD 70년에는 로마군이 황제의 이미지가 그려진 군기를 성전 뜰에 세웠고 군기 앞에서 제물을 드렸습니다. 그리고 성전에 들어가서 촛대와 같은 거룩한 기물들을 가져가고 성전을 불태웠습니다.

예수님은 예루살렘이 멸망되기 전에 불법이 성행하고 많은 사람의 사랑이 식는 때가 있을 것이며 그다음 "멸망의 가증한 것"(마 24:12, 15)이 성전을 더럽힐 것이라고 예언하셨습니다. 데살로니가후서가 집필되기 약 10여 년 전에 로마의 가이우스(Gaius 혹은 Caligula) 황제도 자신의 동상을 예루살렘 성전에 세워 두려고 시도했다가 팔레스타인 지도자들의 적극적인 반대로 실패하였습니다.

이처럼 영적 배교의 시대에는 어떤 특정 인물이 나타나서 하나님을 대적하는 경우가 자주 있었습니다. 이스라엘의 역사에 나타난 이러한 사건들을 고려하면, 예수님의 재림 이전에 불법의 인물이 등장할 것이라는 바울의 예언은 전혀 새로운 계시가 아니고 성경의 패턴을 따른 것임을 알 수 있습니다. '불법의 사람'의 모형에 해당하는 대적자들은 시대마다 늘 있었습니다. 사도 요한은 이들을 '적그리스도'라고 불렀는데 당시에는 정치적인 세력이기보다는 주로 종교적인 거짓 교사들이었습니다(요일 2:18). 그래서 '불법의 사람'(적그리스도)에 속하는 부류는 하나님의 진리를 대항하고 하나님의 자리를 넘보며 그의 백성을 박해하는 자들을 포괄적으로 지칭하는 말입니다. '불법의 사람'은 각 시대마다 나오는 적그리스도들에게 재적용되었는데 모두 '멸망의 가증한 것'에 해당합니다.

예를 들어, 적그리스도의 모형인 안티오쿠스 에피파네스는 다니엘서에서 예언되었지만(단 7:8, 25; 11:31; 12:11) 그의 등장으로 예언의 성취가 종결된 것은 아니었습니다. 예수님은 안티오쿠스 에피파네스가 이미 지나간 역사적 인물이었음에도 예수님 당시의 유대인들에게 '멸망의 가증한 것'(마 25:15; 막 13:14)이 거룩한 곳에 선 것을 보거든 산으로 도망하라고 하셨습니다(마 24:15-16). 바울과 사도 요한도 불법의 사람(적그리스도)에 대해서 재차 언급한 것은 다니엘서에서 예언된 종말론적인 대적자의 최종적 존재가 소진되었거나 완연히 드러나지 않았음을 시사합니다. 그러니까 교회사에서 적그리스도에 대한 성경의 예고는 수차례 성취되었고 현재도 진행 중이라고 보아야 합니다.

지금까지 나타난 불법의 사람들은 세상 끝에 최종적으로 출현할 적그리스도에 대한 주자(走者)들로서 다니엘이 말한 '멸망의 가증한 것'(마 24:15)에 대한 예언을 부분적으로 성취한 자들입니다. 다니엘의 이 예언은 마지막 적그리스도에 의해서 온전한 성취를 볼 것인데 그는 불경과 신성모독의 최고봉으로서 예수님의 재림을 위한 선행적 전조(前兆)입니다.

불법의 사람과 재림의 지연

예수님의 재림 전에 '불법의 사람'이 먼저 나타난다는 것은 재림이 지연된다는 시사입니다. 이 불법의 사람은 아직 나타나지 않았습니다. 따라서 예수님의 재림도 아직 발생하지 않았습니다. 그런데 재림의 지연은 불신자들에게 은혜의 기회를 제공합니다. 예수님이 지상에 재림하신 이후에는 복음을 듣고 구원을 받을 기회는 영원히 사라집니다. 그래서 예수님은 재림 전에 "복음이 먼저 만국에 전파되어야 할 것"(막 13:10)이라고 하셨습니다. 이 말씀은 교회에 큰 도전이 됩니다. 세계 선교가 교회의 사명입니다. 주님은 우리에게 선교의 지상 명령을 내리시고 재림을 준비하게 하셨습니다. 주님은 언제라도 주권적으로 세상에 다시 오실 수 있지만, 온 세계 사람들이 복음을 듣고 한 사람이라도 구원받기를 원하십니다. 그래서 만국에 복음이 먼저 전파될 때까지 재림을 늦추고 계십니다. 우리는 죄인들을 향한 주님의 이러한 자비하신 뜻을 받들어 복음을 전하는 일에 전념해야 합니다.

예수님의 재림이 지연되는 것은 초대 교회의 관점에서 볼 때도 매우 감사한 일이었습니다. 당시의 교회는 극히 미약하였습니다. 교회는 유대교와 로마 정권의 감시와 박해를 받고 있었습니다. 그러나 그때 세상이 끝나지 않고 주님의 재림이 늦춰졌기에 교회는 오순절에 성령의 강림을 체험하였고 그 후 예루살렘이 멸망하면서 복음으로 무장된 선교 활동이 활성화되었습니다.

불법의 사람은 어떤 특징을 가졌을까요?

불법의 사람은 하나님의 뜻을 전적으로 무시하고 예수님을 대항하며 교회를 압도하려고 합니다. 그는 하나님의 권위를 배척하고 자신을 하나님과 대등한 위치에 두려고 시도합니다(3절). 그는 자신이 하나님처럼 경배를 받기를 원하고(4절) 마치 유일신처럼 다른 신들의 권위를 인정하지 않습니다.

불법의 사람은 "하나님의 성전에 앉아"(2:4) 하나님 행세를 할 것입니다. 그럼 여기서 말하는 '성전'은 무엇일까요? 예루살렘 성전은 AD 70년 멸망되기 전에 여러 번 더럽혀진 일이 있었습니다. 그래서 본문의 '성전'은 일차적으로 예루살렘 성전을 가리킵니다. 그러나 '성전에 앉아 자기를 하나님이라고 내세운다'(2:4)는 표현은 불법의 사람이 하나님을 대항하는 오만함에 대한 상징적 표현으로 볼 수 있습니다. 그래서 범세계적인 교회에 적용될 수 있습니다.

신약에서 '성전'은 교회라는 의미로 종종 사용되었습니다(엡 2:21; 고전 3:16, 17; 고후 6:16). 불법의 사람이 궁극적으로 원하는 것은 교회를 제압하고 하나님의 자리를 빼앗는 것입니다. 그래서 그는 교회뿐만이 아니고 세상 만민이 자신에게 경배해야 한다고 요구할 것입니다. 이것은 불법의 사람이 세상을 자신이 지배하는 전체주의 체제로 만들겠다는 뜻입니다.

한편 '불법의 사람'은 "대적하는 자"(2:4)입니다. 그는 하나님께서 세상을 유지하기 위해서 허락하신 모든 법을 무시하고 도덕을 내던지며 안정된 사회의 기반이 되는 요소들을 뒤엎을 것입니다(마 24:12). 그는 가룟 유다처럼 '멸망의 아들'이라고도 불립니다. 예수님을 팔았던 가룟 유다는 스스로 자기 목숨을 끊었고 하나님의 심판을 받았습니다. 불법의 사람인 '멸망의 아들'도 하나님의 뜻을 꺾지 못하고 실패할 것입니다. 그는 하나님의 진노의 심판을 받고 영원히 멸망될 것입니다(2:8). 한편, 불법의 사람에 대한 이러한 특징은 신자들이 '멸망의 사람'이 나타날 때 즉시 분별하고 경계해야 할 것을 가리킵니다.

예수님의 재림은 정확한 날짜를 알 수 없지만, 분명히 발생할 사건입니다. 그러나 선행적인 큰 사건들이 먼저 일어날 것이기에 재림 사건은 전혀 예상할 수 없는 것이 아닙니다. 예를 들어, 주님의 재림은 온 세상에 복음이 전파되기 전에는 일어나지 않을 것이라고 했습니다(마 24:14; 막 13:10). 또한, 바울이 말했듯이 배도와 불법의 사람이 나타나야 비로소 주님의 재림이 일어날 것입니다. 예수님의 재림에 대한 가르침에는 임박성과 지연성 사이의 긴장을 유지합니다.

중요한 것은 "깨어 있으라"(막 13:35-37; 살전 5:6)는 경고입니다. 우리는 주님의 재림에 선행될 사건들이 있다는 것을 알지만, 그렇다고 해서 재림이 지연된다고 여기고 게으름을 피울 수는 없습니다. 언제 주님의 재림이 박두할지 모르기 때문입니다. 세상 역사는 인간들이 예측할 수 없는 방향으로 전개되기도 하고 급속하게 바뀌기도 합니다. 역사의 시간표는 우리 손에 잡혀 있지 않습니다. 그래서 주님의 재림을 마냥 무관심하게 잊고 살아서도 안 되고 혹은 재림이 곧 일어날 것처럼 재림 날짜를 앞당겨 놓고 흥분하지도 말아야 합니다. 바울이 데살로니가후서를 쓴 목적의 하나도 주의 날이 임박했다는 잘못된 견해를 바로잡기 위한 것이었습니다.

예수님의 재림에 대한 신자들의 문제는 극단적인 반응을 보이는 것입니다. 재림의 임박성을 강조하는 신자들은 재림파들의 경우처럼, 온통 흥분하여 정상적인 삶을 내던지고 가정과 사회에 큰 물의를 빚습니다. 반면, 재림의 지연성을 강조하는 신자들은 아예 예수님의 재림에 대해서 신경을 끄고 삽니다. 양측 다 주님의 재림을 바르게 준비하는 자세가 아닙니다. 바울은 데살로니가 교인들이 재림 문제로 혼란을 일으키고 그릇된 재림론의 영향을 받자 "내가 너희와 함께 있을 때 이 일을 너희에게 말한 것을 기억하지 못하느냐"(2:5)라고 상기시켰습니다. 우리는 재림에 대한 성경의 말씀을 기억하고 살아야 합니다. 문맥상 여기서 '기억한다'는 말은 들은 말씀을 깨닫고 이를 마음에 담아 두어 거짓된 재림론에 흔들리지 말아야 한다는 의미입니다.

사도 바울은 불법의 사람에 대한 정체를 육성으로 설명하고 그의 속임에 넘어가지 말라고 경고했음에도 데살로니가 교인 중에는 바울의 말을 경청하지 않은 자들이 있었습니다. 아무리 성령의 감동으로 명설교를 하고 사도의 권위로 하나님의 계시를 알려도 안 듣는 사람들이 있었습니다. 이 사실은 일반 설교자들에게 위로가 될지 몰라도, 회중의 입장에서는 크게 반성해 보아야 할 문제입니다.

예수님의 재림은 우리 모두의 운명이 걸린 중대한 사안이며 지구 전체에 미칠 결정적이고 종결적인 대 사건입니다(눅 21:35). 그래서 재림에 대한 가르침에 무관심하거나 잘못된 재림론으로 흥분하지 말아야 합니다. 거짓 가르침에서 보호를 받는 길은 사도들이 준 원래의 가르침을 붙잡는 것입니다. 사도들의 가르침은 이제 신약 성경에 모두 기록되어 있으므로 모른다고 핑계할 수 없습니다.

마가복음 13장은 유사 본문인 누가복음 21장과 마태복음 24장과 함께 가장 많이 오해되는 재림 주제에 관한 본문입니다. 대표적인 실례로는 예루살렘 멸망에 대한 서술들을(막 13:1-30) 임박한 세상 종말의 징조로 보는 것입니다. 그런데 마가복음 13:5-8절은 세상 종말의 징조가 아닙니다. 이것은 오히려 세상 종말이 아닌 징조들이 어떤 것인지를 가리키는 이벤트들입니다. 그럼 무엇이 세상 끝의 징조가 아닐까요?

첫째, 자신을 메시아라고 내세우는 거짓된 주장들입니다.

많은 사람이 메시아라고 하면서 사람들을 현혹할 것이라고 했습니다(막 13:6). 초대 교회에도 그런 인물들이 나왔었고(행 8:9) 지금까지 자칭 메시아라고 하는 정치적 혹은 종교적 지도자들이 있었습니다. 그러나 이런 현상을 세상 끝이 촉박했다는 징조로 보아서는 안 됩니다. 가짜 메시아들은 시대마다 나오기 마련입니다.

둘째, 정치적 분쟁입니다.

전쟁과 난리의 소문이 세상 끝은 아닙니다(막 13:7-8). 인류 역사에서 인종적 분규와 정치적 싸움은 항상 존재해 왔습니다(막 13:8). 현대에도 전쟁과 분쟁이 있지만, 세상이 다 끝났다는 징조로 보아서는 안 됩니다. 많은 사람이 1차 대전과 2차 대전을 인류 최후의 세계 대전으로 보고 예수님의 재림이 곧 발생할 것으로 기대했습니다. 그러나 그 이후로 또 다른 전쟁들이 세상에서 계속 일어나고 있습니다.

셋째, 지진과 기근이 세상 끝은 아닙니다(막 13:8).

초대 교회 당시에도 팔레스타인에 수차례의 지진과 기근이 있었습니다(행 11:28). 그러나 그때 세상 끝이 오지 않았습니다. 지각과 기후의 변동은 정도의 차이는 있을지라도 세상 창조 때부터 줄곧 발생해 왔습니다. 오늘날의 전 세계적인 기후 변화도 매우 심각한 일이지만, 그 자체만으로 예수님의 재림이 임박했다는 징조는 아닙니다.

그럼 이런 현상들은 무엇을 의미할까요? 예수님이 곧 재림하신다는 징조가 아니고 "재난의 시작"(막 13:9)입니다. 산고가 있으면 아기가 태어난다는 신호입니다. 그러나 산고 자체가 즉각적인 출산을 의미하는 것은 아니듯이, 거짓 메시아의 출현이나 정치적 분쟁과 전쟁, 지진과 기근 등은 그 자체로서 재림이 곧 발생한다는 뜻은 아닙니다. 이것들은 재림에 선행해야 할 사건들이 일어나기 시작한다는 징조입니다. 그러니까 흔히 재림의 징조로 보아야 할 것들을 곧바로 예수님의 재림으로 대입시킬 것이 아니고, 재림 이전에 발생할 이벤트에 초점을 두어야 한다는 말씀입니다.

새 시대의 출발

예수님이 세상 종말과 관련해서 주신 예루살렘 멸망에 대한 말씀들은 구원의 역사가 한 단계 마무리 짓고 다음 단계로 진입한다는 것을 뜻합니다. AD 70년에 예루살렘은 파괴되었지만, 이것은 예수님의 재림에 선행되어야 하는 세계 선교와 교회의 확장이 성취되는 계기를 마련하는 사건이었습니다. 예루살렘 멸망은 복음을 전하는 사도들에게 위기를 몰고 오는 큰 도전이 될 것이었습니다(막 13:9-13). 그러나 이때는 무서운 박해 속에서도 사도들에게 국가의 통치자들에게까지 그리스도를 증언할 기회를 제공할 것이었습니다(막 13:9). 그래서 예루살렘 멸망은 세상이 바로 끝나는 때가 아니고, 복음의 패러다임이 바뀌는 때였습니다. 즉, 예수님의 십자가 죽음과 성전 파괴로 인해서 모세법과 동물 희생이 그쳤습니다. 그리고 이스라엘은 신정체제로서의 세상의 빛과 소금의 역할을 감당하는 기능을 잃었습니다. 성전 제도의 종식은 유월절이나 대속죄일을 비롯한 성일들의 준수를 불가능하게 만들었고 예루살렘은 더는 여호와 종교의 중심지가 될 수 없었습니다. 그 대신 예수 그리스도의 복음이 온 세상으로 전파되고 교회가 이방인의 유입으로 크게 성장하게 될 것이었습니다.

무화과나무의 비유는 이 같은 새 시대의 발전이 사도들의 세대에서부터 시작될 것을 잘 묘사해 줍니다(막 13:28-31). 무화과나무의 가지가 부드러워지고 잎이 돋으면 여름이 가깝다는 신호입니다. 여름이 오면 잎들이 무성해지듯이, 초대교회는 박해의 그늘 속에서도 눈부신 발전을 하며 강력한 영적 능력을 발휘하는 때를 맞이할 것이었습니다. 이것이 재림과 관련된 여러 징조가 가진 의미입니다.

사람들은 이 세상이 완전히 끝나는 최후의 징조들이 무엇인지 알고 싶은 강렬한 호기심과 위기의식 때문에(막 13:4) 종말에 대한 징조들을 구원의 역사가 새롭게 시작되는 긍정적인 의미로 보지 않는 경향이 있습니다. 그러나 예수님은 제자들에게 종말의 징조들이 아직은 세상 끝이 아님을 지적하시고(막 13:7) 만국에 복음이 전파되어야 할 필요성을 강조하셨습니다. 교회는 이제 2천 년의 세월을 넘겼습니다. 무화과나무가 무성해지고 있습니다. 제자들이 예루살렘 멸망 이전에 부지런히 전도해야 했듯이, 우리도 이 세상에서 아직도 기회가 있을 때 복음을 전해야 합니다.

주님께서 지체하시는 것은 신자들에게는 복음 전파의 소명을 완수할 수 있는 시간을 주고, 불신자들에게는 회개할 기회를 주시려는 것입니다. 예수님의 재림을 간절히 바란다면 더욱더 만국에 그리스도의 복음을 전하는 일에 열심을 내어야 합니다. 그러한 헌신의 삶이 주의 재림을 가장 잘 준비하는 방법입니다. 그런 자들에게는 주의 재림이 급작스럽거나 무서운 심판의 때가 되지 않고 오랜 기다림의 소원을 푸는 환희의 절정이 될 것입니다.

교훈

교회에는 종말의 징조들을 성경이 보장하지 않는 여러 가지 세상일에 연결시켜 목록을 만들고 미래를 예언하는 가르침들이 많습니다. 그런 위기 위주의 인기 이론들은 그리스도의 평강을 앗아가고 두려움을 심어 주어 주님의 재림을 주의 가르침대로 준비하지 못하게 합니다. 소위 유명하다는 예언 전문가들의 재림에 대한 접근은 많은 문제를 안고 있습니다. 그들은 성경을 전체적으로 보지 않고 주로 다니엘서, 계시록, 예수님이 주신 마지막 때에 대한 본문들에만 편중합니다. 그리고 세상의 정치 상황들, 특히 중동 사태와 관련된 각종 사건을 자기들이 원하는 방향으로 억지 해석을 하며 앞날을 예고합니다.

그러나 그들의 예언은 맞지 않습니다. 그들 중에 아무도 미국의 911 테러 사건을 정확하게 예언하고 맞춘 사람이 없습니다. 그처럼 중대한 사건을 보지 못한 자들이라면 국가 정보기관의 예측 수준도 못 된다는 이야기입니다. 그들은 예수님의 가르침을 따르지 않습니다. 예수님은 재림에 대한 상세한 스케줄을 짜서 책으로 엮거나 도표로 그려서 세상일에 짜 맞추라고 지시하시지 않았습니다. 주님은 재림 문제로 신자들을 흥분하게 만들고 두려움에 사로잡히게 하라고 가르치신 적이 없습니다.

주님은 우리가 세상 끝날까지 복음을 전하며 거룩한 삶을 살기를 기대하십니다. 그러므로 자신이 만든 프로그램에 따라 주님이 곧 오시고 세상이 완전히 끝날 것이라고 예언하는 것은 예수님의 십자가로부터 초점을 옮겨 비현실적인 위기의식 속에서 살게 하려는 무책임한 행위입니다. 그들은 어리석고 귀가 엷은 신자들의 돈을 노리며 재림 전문가들로 행세합니다.

성경의 예언은 우리에게 구속의 역사에서 일어날 중요한 이벤트들을 상술하기보다는 대체적인 윤곽으로 언급합니다. 성경의 예언은 도표도 아니고 연대기도 아닙니다. 성경의 예언의 목적은 앞으로 그리스도의 복음이 승리할 것과 신자들이 겪을 반대와 박해를 알려 줍니다. 그리고 주님의 재림 때에 있게 될 심판과 하나님 나라의 영원한 도래를 소망하게 합니다.

그런데 우리는 주의 재림이 지체될 수 있다는 성경의 경고에도 귀를 기울여야 합니다. 그리고 평소에 그릇된 재림관의 영향을 받고 흥분하거나 균형을 잃지 않도록 주의해야 합니다. 성경의 예언은 복음을 세상에 전파하려는 하나님의 계획에 협력하게 하고, 내일의 소망을 품고 인내하며, 주님의 성품을 닮는 거룩한 삶을 살게 하는 것을 중요한 목적으로 삼습니다.

9장
불법의 사람은 누구인가?
데살로니가후서 2:6-12

바울은 데살로니가 교회를 처음 시작했을 때 교인들에게 전했던 재림에 관한 가르침 이외에 더 보충해 줄 교훈이 있었습니다 (2:5-7). 데살로니가 교인들은 예수님의 재림 문제 때문에 혼란을 일으키고 불필요한 염려를 했습니다. 바울은 데살로니가전서를 통해서 그들의 오해를 풀어주었는데 이번에는 불법의 사람에 대한 예고와 예수님이 벌써 재림하셨다는 그릇된 가르침 때문에 흥분하였습니다. 바울은 그들의 흥분을 진정시키고 불법의 사람에 대한 부차적인 가르침을 주었습니다.

우리는 복음을 처음 접할 때 주로 개인 구원을 생각하고 믿습니다. 말하자면, 예수 그리스도께서 나의 죄를 대신하여 십자가 형벌을 당하시고 부활하셨다는 것을 믿고 교인이 됩니다. 그러나 교회를 다니면서 점차 복음은 개인 구원의 차원을 훨씬 넘어가는 내용을 담고 있다는 사실을 발견합니다. 우선 구원은 나 자신의 영적 구원뿐만이 아니고 온 세상의 피조계에 이르기까지 만물이 회복되고 재창조되는 엄청난 우주적 사건임을 알게 됩니다. 또한, 그리스도를 주님으로 믿는 신앙생활에는 영적 싸움이 있으며 내 힘으로 감당할 수 없는 반대와 고난이 있다는 것도 체험을 통해 깨닫습니다. 그러니까 복음이란 순전히 개인의 복지만을 위해서 믿는 것이 아니라는 말씀입니다.

십자가의 복음을 믿고 구원받은 신자는 예수 그리스도의 복음과 하나님의 권위에 도전하며 주의 백성을 대적하는 '불법의 사람'이 있다는 사실을 알고 깨어 있어야 합니다. 불법의 사람은 우리의 신앙생활에 직접적인 영향을 줄 뿐만 아니라 교회를 공격하는 가장 무서운 세력입니다. 바울은 본문에서 '불법의 사람'에 대한 정체를 더욱 상세하게 다룹니다.

'불법의 사람'을 억제하는 자는 누구일까요?

"너희는 지금 그로 하여금 그의 때에 나타나게 하려 하여 막는 것이 있는 것을 아나니 불법의 비밀이 이미 활동하였으나 지금은 그것을 막는 자가 있어 그 중에서 옮겨질 때까지 하리라"(2:6-7).

개역 성경의 본 절은 새번역이 읽기가 쉽습니다.

"여러분이 아는 대로, 그자가 지금은 억제를 당하고 있지만, 그의 때가 오면 나타날 것입니다. 불법의 비밀이 벌써 작동하고 있습니다. 다만, 억제하시는 분이 물러나실 때 까지는, 그것을 억제하실 것입니다."(2:6-7, 새번역).

바울이 데살로니가후서를 쓸 당시에 불법의 사람은 억제를 당하였습니다. 이것은 매우 흥미 있는 진술입니다. '불법의 사람'은 하나님의 권위를 대항할 만큼 강력한 존재인데도 억제를 당하여 활동을 자유롭게 하지 못합니다. 그는 전능자가 아님이 분명합니다. 그는 이미 활동을 개시했지만 중간에 발이 묶인 상태입니다.

그럼 그를 억제하는 것은 과연 무엇일까요? 본문에서는 분명하게 명시된 것이 없습니다. 그래서 주석가들은 악한 자를 억제할 수 있는 능력을 갖췄다고 볼 수 있는 로마법과 공권력, 성령과 교회, 천사, 혹은 바울과 그의 복음 사역 등을 제시합니다. 그러나 정확하게 바울이 무엇을 염두에 두었는지는 잘 알 수 없습니다. 바울은 불법의 사람에 대해서 데살로니가 교인들에게 말로써 가르쳤기 때문에 그가 육성으로 전한 메시지의 내용을 우리는 모릅니다(2:5). 앞에서 제시된 몇 가지 가능성을 잠시 살펴보도록 하겠습니다.

로마법과 공권력

로마제국의 법과 공권력이 불법을 제어하고 질서와 평화를 유지한다고 볼 수 있습니다. 그래서 바울은 국가의 역할을 긍정적으로 보기도 했습니다(롬 13:1-7). 그러나 로마 황제가 신격화되었기 때문에 문제가 있습니다. 예를 들어, 가이사 아구스도(Kaisar

Augustus)는 자신을 신이라고 하면서 경배를 요구했습니다. 크리스천들은 '예수를 주'라고 하지 말고 '시저를 주'라고 고백해야 한다는 명령을 받았습니다. 도미티안(Domitian) 황제도 자신을 신격화하고 경배를 요구했습니다. 그는 네로 황제처럼 많은 크리스천을 박해하였습니다. 그래서 로마가 불법을 막는 역할을 하여 교회를 보호하고 있다고 보는 것은 모순입니다.

만일 로마의 국법이 교회에 긍정적인 역할을 하는 것이었다면, 바울이 왜 '막는 자'를 로마로 지칭하지 않았는지 의문입니다. 물론 그렇게 보면, 로마의 국가 권력이 언젠가 옮겨지는 때가 있다는 내용도 따라 나오기 때문에 노골적으로 밝힐 수 없었을 것입니다. 그래도 황제 숭배와 당시의 박해는 로마가 불법의 사람을 억제하는 역할을 드러낸다기보다는 오히려 적그리스도의 형태를 더 선명하게 그려줍니다(참조. 계 13장). 또한, 이 주장은 세상에 있는 모든 국가에 적용할 수 없습니다. 공산주의나 일부 불교 국가 및 모슬렘 국가에서는 교회를 보호해 주는 장치가 없기 때문입니다.

성령과 교회

성령과 교회가 불법의 사람을 '막는 자'라면 얼마든지 가능한 일입니다. 교회는 성령의 능력으로 세상에 빛과 소금의 역할을 통해서 부패와 악을 억제할 수 있기 때문입니다. 하지만 막는 자가 '옮겨진다'(2:7)는 표현은 자연스럽지 않습니다. 성령은 주권적이시므로 피동적으로 옮겨질 수 없습니다. 또한 교회도 옮겨진다면 예수님의 재림 때 세상에는 교회가 존재하지 않는다는 말이 됩니다. 그리고 만일 성령과 교회에 의해서 불법의 사람이 견제된다면 바울이 왜 그렇다고 바로 말하지 않았는지도 이해하기 힘듭니다. 일부에서는 교회가 옮겨지는 것을 성도들이 모두 지상에서 공중으로 이끌려 올라가는 사건이라고 보고 그 후에 불법의 사람이 나타나서 마음대로 세상을 지배할 것으로 생각합니다. 그러나 교회가 공중으로 사라진다는 아이디어는 예수님의 재림 때까지 세상에 남아서 복음의 증인이 되어야 할 교회의 소명과 어긋납니다.

천사들

천사들도 불법을 막는 역할을 맡을 수 있겠지만, 본문에는 분명한 시사가 없습니다. 또한, 천사라는 말이 정치적인 뉘앙스도 없는데 왜 바울이 불법의 사람을 '막는 자'가 곧 천사라고 밝히지 않았는지 이해하기 어렵습니다.

바울 자신과 그의 복음 전파

불법의 사람을 제어하는 것이 바울 자신과 그의 복음 전파라는 견해도 무리가 없지 않습니다. 물론 바울은 에베소에서 자기가 떠난 후에 사나운 이리가 와서 양 떼를 아끼지 않을 것이라고 경고했습니다. 실제로 바울이 떠난 후에 에베소 교회들은 사도 요한이 적그리스도들이라고 부르는 거짓 교사들로부터 악영향을 받았습니다(요일 2:18). 그러나 "막는 것"(2:6)이 복음이고 "막는 자"(2:7)는 사도 바울이라면 불법의 사람이 나타나기 위해서는 복음이 전해지지 않는 공백기가 있어야 할 것입니다. 하지만 사도 바울이 에베소를 떠난 이후에도 에베소에는 장로들과 상당수의 교인들이 있었습니다. 그런데도 불법의 사람이 출현했다는 것은 앞뒤가 잘 맞지 않습니다.

또한, 바울 자신과 복음에 의해서 불법의 사람이 통제되고 있었다면 왜 그렇다고 말하지 않고 '막는 자'라는 모호한 표현을 했는지도 잘 납득할 수 없습니다. 그뿐만 아니라 바울이 유독 자신의 복음 사역만을 불법의 사람을 억제하는 수단으로 보지는 않았을 것입니다. 다른 사도들도 열심히 복음을 전파하고 있었기 때문입니다. 그리고 바울이 당시에 자신이 복음을 전할 수 없는 어떤 상황을 예기했다는 증거도 없습니다. 오히려 그는 예수님의 재림 때까지 살아남기를 적극적으로 희망하였습니다(살전 4:15). 그러므로 바울 자신이 '옮겨진다'는 말은 본 주장의 논지에 잘 어울리지 않습니다.

그럼 '막는 것'과 '막는 자'는 과연 무엇일까요? 정확하게 알 수 없습니다. 단, 위에서 제안된 것들을 하나님께서 필요에 따라 제한적으로 사용하실 수 있다고 봅니다. 그러나 바울이 분명하게 말하지 않고 '막는 자' 혹은 '막는 것'이라는 간접적인 표현을 쓴 까닭은 여전히 수수께끼입니다. 중요한 것은 예수님과 그의 교회를 반대하고 꺾으려는 어둠의 세력이 항상 있다는 것과 이를 억제하기 위해서 하나님께서 쓰시는 수단들이 존재한다는 사실입니다. 그리고 우리가 받아야 하는 격려는 마지막 때 '대적하는 자'가 나타나도 예수님에 의해서 멸망을 한다는 것입니다.

> "그 때 불법한 자가 나타나리니 주 예수께서 그 입의 기
> 운으로 그를 죽이시고 강림하여 나타나심으로 폐하시리
> 라"(2:8).

불법의 사람과 함께 멸망하는 자들은 누구입니까?

하나님을 대항하며 교회와 교인들을 해치려는 '불법의 사람'
이 있다는 것은 복음이 진리라는 사실을 강화시킵니다. 만약 복
음이 진리가 아니라면, 거짓된 자가 구태여 신경을 쓰고 반대할
이유가 없을 것입니다. 그러나 그리스도의 복음이 진리이므로 거
짓을 밝히고 사탄과 그의 추종자들을 세상에 폭로합니다. 그래서
어둠의 세력은 세상 사람들을 자기 앞에 굴복시키고 절대 권력을
행사하여 그리스도께 속한 성도들을 압도하려고 시도합니다.

> "악한 자의 나타남은 사탄의 활동을 따라 모든 능력과 표
> 적과 거짓 기적과 불의의 모든 속임으로 멸망하는 자들에
> 게 있으리니 이는 그들이 진리의 사랑을 받지 아니하여
> 구원함을 받지 못함이라"(2:10).

여기서 묘사된 '악한 자의 나타남'은 예수님의 재림이 발생하
기 전에 사탄이 행할 수 있는 최악의 가공할 악행들을 시사합니

다. 인류의 역사가 예수님의 재림으로 끝나기 전에 발생할 이 두려운 사건들은 사탄의 정체를 노골적으로 노출합니다.

사탄은 하나님을 모방하는 짝퉁입니다.

성부 하나님은 성자 예수님을 세상에 보내시고 하나님의 아들로서 구속 사역을 이루게 하셨습니다. 예수님은 하늘 아버지로부터 능력을 입고 진리의 말씀을 받아 복음을 전하셨습니다. 그리고 이에 대한 증거와 표징으로 기적을 행하셨습니다. 사탄도 이 같은 하나님의 사역을 흉내 냅니다. 그는 '불법의 사람'을 자신의 하수인으로 삼고 그를 세상에 나타나게 합니다. "악한 자의 나타남"(9절)이라는 표현은 의도적으로 사용된 말입니다. '나타남'(헬. 파루시아)은 예수님의 '강림'에 사용된 단어와 동일합니다(2:8). 악한 자의 파루시아(2:9)는 예수님의 파루시아(2:8)를 흉내 낸 것입니다. 그래서 불법의 사람이 그리스도의 재림을 모방한 짝퉁이라는 사실을 '악한 자의 파루시아(나타남)'라는 표현으로 풍자한 것입니다.

'불법의 사람'인 적그리스도의 나타남과 그리스도의 나타남은 평행점이 있습니다. 둘 다 가시적으로 드러나고 개인적으로 나타나며 신성을 주장하고 기적을 동반하는 능력이 있습니다. '불법의 사람'은 지구상의 많은 사람을 쉽사리 자기편으로 쓸어 넣고 통제할 수 있는 카리스마적인 조건을 갖춘 존재입니다. 그러나 그는 예수님과 달리 진리로 사람들을 가르치는 것도 아니고, 하나님의 진리를 증명하고 하나님의 뜻을 따라 기적을 사용하지도 않습니다. 그는 세상을 구하는 구세주(救世主)가 아니고 멸세주(滅世主)입니다. 그는 거짓으로 사람들을 속일 것인데 모든 종류의 기적과 표적을 사용할 것입니다. 그가 "능력과 표적과 거짓 기적"(2:9)들을 행하는 것도 예수님의 사역을 모방하는 것입니다(비교. 행 2:22).

이것은 사람들을 현혹하기에 충분합니다. 예를 들어, 지금도 신유 집회에는 사람들이 미어질 정도로 모입니다. 가톨릭교회의 경우, 치유의 기적이 일어난다는 성물이 안치된 곳은 성지가 되어 순례자들로 들끓습니다. 개신교에서도 능력이 있다는 신유 집회에 다니는 사람들은 강사가 하는 말은 전적으로 믿고 하나님의 신령한 종이라고 받듭니다. 물론 구약의 선지자들이나 사도들이 기적을 행하였고 지금도 하나님의 사람들에 의해서 기적이 일어나기도 합니다. 그런데 위험한 것은 일반적으로 사람들이 '기적'이라는 초자연적인 현상에 진리와 상관없이 빠져드는 것입니다. 그래서 어둠의 세력들이 이것을 악용합니다.

'불법의 사람'은 사탄의 전폭적인 지지와 후원을 받습니다. 그래서 그는 "모든 능력"과 "모든 속임"으로 세상 전체를 상대로 초자연적인 거대한 기적들을 행하며 온갖 기만책을 동원하여 인류를 사탄의 길로 인도할 것입니다. 그는 그리스도를 믿지 않는 자들과 사이비 교인들을 지남철처럼 끌어모을 것입니다. 예를 들어, 앞으로 지구는 환경 공해로 인해 피할 수 없는 각종 재앙을 겪게 될 것입니다. 핵 전쟁의 가능성도 인류가 당면한 심각한 문제입니다. 그럴 때 불법의 사람이 기적으로 문제를 해결한다면 모든 사람이 그를 인류의 구원자로 보고 신처럼 떠받들 것은 불을 보듯 명료합니다. 물론 '불법의 사람'이 반드시 지구의 환경 문제나 핵전쟁과 관련될 것이라는 확언은 할 수 없습니다. 그렇지만 지구의 존립 자체를 위협하는 극도로 심각한 어떤 문제들을 초자연적인 능력을 갖춘 슈퍼맨이 출현하여 부분적으로나마 극복할 수 있다면, 그가 온 세상을 자신의 수중에 넣고 통제하는 것은 쉬운 일일 것입니다.

아무튼, 인류의 조상인 아담과 하와를 속임으로 유혹하여 온 인류를 타락의 구렁텅이에 빠뜨렸던 사탄은 언젠가 다시 한번 인류를 "불의의 모든 속임으로" 유혹할 것입니다. 그래서 바울은 고린도후서에서 경고합니다.

> "뱀이 그 간계로 하와를 미혹한 것 같이 너희 마음이 그리스도를 향하는 진실함과 깨끗함에서 떠나 부패할까 두려워하노라"(고후 11:3).

기적과 능력을 행하는 불법의 사람이 나타나서 미혹할 때 대규모의 배교가 일어날 것입니다. 바울은 디모데에게도 "후일에 어떤 사람들이 믿음에서 떠나 미혹하는 영과 귀신의 가르침을 따르리라"(딤전 4:1)고 하였습니다. 속임을 받는 자들은 멸망하는 자들인데 "이는 그들이 진리의 사랑을 받지 아니하여 구원함을 받지 못함이라"(살후 2:10)고 했습니다.

이 말씀은 인간이 구원받지 못하는 원인이 무엇인지를 극명하게 적시합니다. 한마디로 '진리의 사랑'을 받지 않는 것입니다. '진리의 사랑'은 타락한 죄인들의 운명을 긍휼히 여기시고 자기 아들을 보내어 십자가에서 대속의 죽음을 치르게 하신 하나님의 참사랑을 말합니다. 인간이 구원받지 못하고 멸망하는 것은 진리 대신 거짓을 믿기 때문입니다. 사람들이 왜 그리스도를 믿지 않고 불법의 사람을 믿습니까? 왜 거짓의 화신에게 속을까요? 진리를 택하지 않기 때문입니다. 이것은 의도적인 선택입니다. 따라서 구원받기를 거부한 것이므로 누구도 원망할 수 없습니다. 그들이 진리의 사랑을 배척했다는 것은 그들에게 복음이 전달되었음을 전제합니다. 복음을 듣고도 믿지 않는 것은 멸망을 자청하는 비극입니다.

하나님은 악의 원인이실까요?

"이러므로 하나님이 미혹의 역사를 그들에게 보내서 거짓
것을 믿게 하심은 진리를 믿지 않고 불의를 좋아하는 모
든 자들로 하여금 심판을 받게 하려 하심이라"(2:11-12).

이 구절을 보면 하나님이 사람들로 하여금 거짓을 믿게 하는 원인 제공자처럼 들립니다. 미혹되게 하는 힘을 그들에게 보낸다고 했기 때문입니다. 성경은 하나님이 궁극적인 원인이라는 사실

을 숨기지 않습니다. 그렇다고 해서 금방 하나님을 악의 창시자로 간주할 수 없습니다. 물론 하나님께서는 이 세상을 지으셨기 때문에 주인으로서 모든 것을 통제하십니다. 이 세상에서 일어나는 모든 일은 그의 통치 영역 안에서 발생합니다. 그렇지만 세상에 있는 죄가 곧 하나님의 책임이라는 말은 성립될 수 없습니다. 왜냐하면, 스스로 저지르는 모든 악행은 범죄자의 의도적인 의지의 결과이기 때문입니다(약 1:14). 비록 강압에 의한 죄나 집단적이고 구조적인 죄라도 근본 원인은 결국 인간 자신에게서 출발한 것입니다. 그래서 죄의 일차적인 책임은 인간에게 있습니다. 하나님께서는 누구에게도 강제로 죄를 짓게 하시지 않습니다.

그럼, 하나님께서 "미혹의 역사"를 보낸다는 의미는 무엇일까요? 우리는 이 말씀 앞에 나오는 "이러므로"라는 내용을 추적해야 합니다. 하나님께서 임의로 미혹을 당하게 하신 것이 아닙니다. 악인들이 먼저 '진리의 사랑'(10절)을 밀어내고 자기 욕심에 따라 불의를 좋아했기 때문에 하나님께서 그들을 "마음의 정욕대로"(롬 1:24) 넘기신 것입니다.

진리를 사랑하지 않는 자들은 하나님의 뜻에 순종할 의사가 없습니다. 그들은 빛보다 어둠을 사랑합니다(요 3:19). 예수님의 기적을 배척하면 사탄의 기적을 따라갑니다. 바울이 로마서에서 지적한 것도 하나님께서 먼저 그들을 미혹하신 것이 아니고, 그들이 거짓 신을 따랐으므로 심판을 내린 것으로 진술하였습니다. 데살로니가후서 2:11절의 '거짓 것'과 로마서 1:25절의 '거짓 것'은 동일한 말로서 피조물과 우상에 해당하는 거짓 신을 가리킵니다. 하나님을 믿지 않고 우상 신들을 경배하는 자들은(살후 2:4) 하나님께서 그들이 원하고 섬기는 것에 의해서 심판을 받게 하십니다.

> "이는 그들이 하나님의 진리를 거짓 것으로 바꾸어 피조물을 조물주보다 더 경배하고 섬김이라…이 때문에 하나님께서 그들을 부끄러운 욕심에 내버려 두셨으니…" (롬 1:25-26).

진리를 사랑하지 않으면 불의를 사랑하기 마련입니다. 하나님을 섬기지 않으면 거짓 신의 미혹에 넘어갑니다. 처음에는 악을 좋아하는 자신의 욕망에서 출발합니다. 그다음 복음의 진리를 싫어합니다. 사탄은 이러한 인간의 성향을 이용하여 여러 가지 방법으로 접근하여 눈을 멀게 하고 속임에 빠지게 합니다. 악인들은 결국 자신들이 원하는 것을 제공하는 사탄의 미끼를 받아먹습니다. 이때 하나님께서 그들을 미혹에 완전히 넘기심으로써 그들이 정죄를 당하고 멸망을 받습니다(참조. 대하 18:18-22; 사 19:14; 겔 14:9).

이스라엘 백성이 우상을 좋아하고 끝까지 하나님을 섬기지 않았을 때 어떻게 하셨습니까? 그들을 우상의 나라인 앗수르와 바벨론으로 보내셨습니다. '거짓 것'을 좋아하면 거짓에 푹 빠지게 허락하십니다. '불법의 사람'이 나타나면 너무도 많은 사람이 배도의 대열에 가담할 것입니다. 그들은 '불법의 사람'이 행하는 초자연적인 기적들과 엄청난 능력에 미혹될 것입니다. 그래서 주님은 "거짓 그리스도들과 거짓 선지자들이 일어나서 이적과 기사를 행하여 할 수만 있으면 택하신 자들을 미혹하려 하리라"(막 13:22)고 경고하셨습니다. 사실상 신약 성경 전체에서 이 미혹의 문제를 다루고 있습니다. 어둠의 세력은 이적과 복술로 만국을 미혹할 것입니다(계 13:14; 18:23).

미혹을 당하지 않는 방법은 무엇일까요?

바울은 데살로니가 교인들에게 "불법의 비밀이 이미 활동하였으나 지금은 그것을 막는 자가 있어"(2:7) 억제를 당한다고 했습니다. 그러나 시대적으로 보면 불법의 사람들이 억제를 당하기도 하고 출현하기도 합니다. 바울이 본 서신을 썼을 당시에는 불법의 사람이 통제를 받았기 때문에 비록 박해를 받았어도 배교는 일어나지 않았습니다. 그러나 불법의 비밀은 완연하게 본색을 드러낼 때까지 항상 은밀하게 활동 중입니다. 그러다가 때가 되면 갑자기 가뭄 때의 산불처럼 맹렬해집니다.

우리 시대의 상황에서 보면, 불법의 비밀이 자신의 정체와 본색을 전 세계적으로 드러낼 때가 가까웠다는 느낌을 줍니다. 현세상은 법과 질서를 무시하고 인명을 헌신짝처럼 여기는 테러 집단들이 온 세상을 공포에 덮이게 합니다. 이슬람 극단주의자들은 기독교를 비롯하여 타종교의 자유를 인정하지 않습니다. 현대 사회의 경제 조직은 글로벌 체제로 바뀌면서 탐욕으로 세상을 정복하는 중입니다. 온 세상에 커다란 타격을 가했던 금융 위기도 인간의 욕심이 일으킨 재앙입니다. 마약과 이에 관련된 범죄도 전 세계적인 조직망을 가지고 수많은 사람의 삶을 망쳐 놓습니다. 섹스 산업은 어린아이들까지 포함하고 악마적인 인신매매와 온갖 불법적인 수법으로 천문학적인 수익을 올립니다. 극도의 물질주의와 인본주의, 향락 문화와 폭력 등은 소돔과 고모라의 죄악상을 무색하게 합니다.

최근에는 런던의 버스와 캘리포니아의 길거리에 '인생은 짧다. 정사(情事)를 즐기라'(LIFE IS SHORT. HAVE AN AFFAIR)는 대형 광고판이 나붙었습니다. 불법의 비밀은 적그리스도의 출현을 앞두고 마지막 단계의 활동을 벌이는 중인지 모릅니다. 머지않아 '막는 자'가 물러나고 드디어 최종 순위의 '불법의 사람'이 인류의 무대에 등단하면, 온 세계는 사탄이 조종하는 일종의 전체주의 체제로 들어가고 세상의 악은 폭발적으로 확대되어 사탄의 흉악한 정체가 만천하에 공개될 가능성이 있습니다.

물론 어떤 형태의 정치 경제적 구조가 될 것인지는 정확하게 아무도 예측할 수 없습니다. 한 가지 분명한 것은 인류의 절대다수는 진리를 따르지 않고 '거짓 것'에 미혹되어 헤어나지 못하고 멸망할 것입니다. 그래서 바울은 "말세에 고통하는 때"(딤후 3:1)가 온다고 하면서 '자기 사랑'으로 시작되는 도덕적 영적 타락상을 열거한 후에 결론으로 '하나님 사랑'이 없을 것을 예고하였습니다 (딤후 3:2-7). 그럼 이 가공할 어둠의 미혹에서 속임을 당하지 않는 길은 무엇일까요?

첫째, 배도와 재림에 대한 균형된 이해를 해야 합니다.

바울이 데살로니가 교회에 주려던 교훈은 재림 문제로 흔들리거나 두려워하지 말라는 것이었습니다. 또한, 주님의 재림 교리를 바르게 배워서 서로 격려하며 깨어서 굳건하게 성도의 삶을 살아야 한다고 했습니다(살전 4:18; 5:6; 살후 2:2, 17). 그런데 우리는 재림과 관련된 주제가 나오면 흥분을 하거나 두려워하는 경향이 많습니다. 이것은 바울의 의도가 아닙니다. 그래서 우리는 유행하는 재림 프로그램을 경계해야 합니다.

시중에는 예수님의 재림과 관련된 예언서가 많습니다. 이러한 책들은 세상 종말에 대한 핸드북인 것처럼 자처하고 미래 사건들을 청사진처럼 그려 놓습니다. 이들은 성경의 예고들을 주로 현대 사회의 정치적 사건들에 이리저리 엮어서 미래를 드려다 보게 하는 일종의 조감도를 만듭니다. 이런 식의 가르침에 영향을 받은 설교나 성경 공부를 신뢰하지 말아야 합니다.

예를 들면, 언제 세상이 어떻게 되고 무슨 일이 생겨서 교회가 박해를 겪거나 부흥한다거나 혹은 중동에서 큰 전쟁이 나서 이스라엘이 궁지에 몰렸다가 하나님의 기적으로 회심한다는 것입니다. 또는 예루살렘에 성전이 세워지고 일정 기간이 지난 후에 주님이 재림하시거나 아니면 대환란 기간이 7년 동안 있고 환난 전이나 혹은 환난 후에 교회가 모두 들리움을 받는다는 것입니다. 이런 복잡하고 세세한 시간표를 짜서 제시하는 종말론을 거부해야 합니다. 인류의 종말에 대한 세부적인 시간표나 지침서를 선전하는 가르침은 모두 거짓이기 때문입니다. 성경은 그런 식으로 미래를 예언하지 않습니다.

종말에 대한 성경의 계시는 상징적이고 대략적인 것이므로 우리가 알 수 없는 부분이 많습니다. 이것은 하나님께서 가리신 것이므로 굳이 찾으려고 하지 말고 믿음으로 주님의 재림을 기다려야 합니다. 종말에 대한 여백은 우리가 주님에 대한 사랑과 신뢰로 채워야 할 공간이지 억지로 풀어서 꿰어 맞추어야 할 영역이 아닙니다. 우리는 주님의 재림을 맞이하기 위해서 종말 백서가 필요한 것도 아니고 세부 사항에 대한 해답서를 손에 쥐고 있을 필요도 없습니다. 만일 우리가 나중에 꼭 알아야 할 부분이 있다면 성령께서 그때 계시하시고 인도하실 것입니다.

시대마다 종말론자들이 여러 종류의 시간표를 제시하였습니다. 그러나 사람이 만들어 내는 예고는 항상 빗나가기 마련입니다. 예를 들어, 예수님의 초림에 대한 성경의 가르침이 많았어도 이를 바르게 해석하여 메시아를 맞이하는 자가 거의 없었습니다. 성경에는 메시아가 오신다고 했지만, 아무도 예수님이 마구간에서 태어나실 것은 상상도 하지 못했습니다. 또한, 성경에는 메시아가 영광의 주라고 기술한 곳도 있지만, 반대로 메시아를 고난의 주로 예언하기도 했습니다. 그 당시의 사람들은 자신들의 선입견과 몽매한 마음 때문에 이런 상반된 예언들을 어떻게 조화시킬지를 몰랐습니다.

예수님의 초림을 잘못 이해했듯이, 예수님의 재림도 많은 부분에서 틀릴 것입니다. 종말에 대해서 다 아는 것처럼 독단적으로 말하거나 공교하게 짜인 종말 프로그램을 작성하는 것은 성경의 의도가 아닙니다. 이런 시도는 의도적인 것은 아닐지라도 '불법의 사람'이 교회를 속이기 위해서 역용할 수 있음을 경계해야 합니다.

둘째, 예수님의 승리를 믿어야 합니다.

"그 때에 불법한 자가 나타나리니 주 예수께서 그 입의 기운으로 그를 죽이시고 강림하여 나타나심으로 폐하시리라"(2:8).

본 절은 이사야 11:4절에 기반을 둔 것입니다. 이새의 뿌리인 다윗의 후손 예수 그리스도는 "그의 입의 막대기로 세상을 치며 그의 입술의 기운으로 악인을 죽일 것"이라고 했습니다. 하나님은 자신의 말씀으로 세상을 창조하셨고(시 33:6; 창 1:3), 말씀으로 교회를 세우시며(엡 2:20) 또한 말씀으로 세상을 심판하십니다. 사도 요한은 주의 입에서 예리한 검이 나와서 만국을 치신다고 했습니다(계 19:15, 21). 하나님의 '입의 기운'은 하나님의 뜻을 실행시켜 의도된 대로 변화를 일으키는 보이지 않는 강력한 능력입니다.

불법의 사람은 막대한 능력이 있습니다. 그의 능력은 "사탄의 활동을 따라"(2:9) 나오기에 사람의 힘으로 막지 못합니다. 예수님의 오심이 초자연적인 기적적 활동들을 동반했듯이, 불법의 사람도 사탄의 초자연적인 배후 능력을 업고 활약할 것입니다. 그는 특히 예수 그리스도를 믿지 않는 불신자들에게 큰 세력을 행사할 것이지만(2:10) 교회 안에도 침투하여 진정으로 구원받지 못한 자들을 유혹하고 그의 기적에 현혹되게 할 것입니다. 이로써 대규모 배도가 전 세계적으로 확산될 것입니다. 세상은 반법주의의 영향으로 공의의 집행이 무산되고 기독교의 활동이 크게 저지될 것입니다.

하나님께서는 불법의 사람이 한동안 성공하도록 허락하실 것입니다. 그러나 이것은 심판을 위한 전주곡입니다. 악이 왕성해지는 것은 심판의 날을 앞당기는 일입니다. 불법의 사람은 예수님의 입김으로 쉽사리 멸망된다고 했습니다. 이것은 불법의 사람이 출현한 시점과 멸망되는 사이의 기간이 그리 길지 않다는 인상을 줍니다.

불법의 사람은 크리스천들에게 최대의 적입니다. 그는 하나님께서 받으셔야 할 경배를 자신에게로 돌리려고 할 것입니다. 그는 초자연적인 능력으로 세상 사람들의 마음을 속여 빼앗은 후에 그들을 사용하여 하나님의 백성을 증오하고 학대할 것입니다.

그러나 우리는 주님이 약속하신 최후의 승리를 믿고 인내해야 합니다. 불법의 사람은 잠시 이기는 것으로 보일 것입니다. 그러나 우리는 복음의 진리를 붙잡고 궁극적인 승리를 하게 될 것입니다. 교회에는 아직도 싸워 이겨야 할 전투가 남아 있습니다.

불법의 사람은 "사탄의 활동을 따라"(2:9) 움직이지만, 우리는 "성령을 따라"(갈 5:16) 행합니다. 사탄의 활동은 주님의 재림으로 갑자기 종식될 것이지만, 성령을 따라 사는 우리는 "그리스도의 장성한 분량이 충만한 데까지"(엡 4:13) 나아가게 될 것입니다. 그래서 우리는 박해 속에서도 복음의 영광스러운 승리를 기대하며 낙관할 수 있습니다. 불법의 사람이 세상을 기적의 능력과 거짓으로 기만할 때 속지 않는 길은 예수님의 결정적인 승리를 믿고 인내하는 것입니다.

셋째, 복음의 진리를 고수하며 불법의 사람을 대항해야 합니다.

진리는 최선의 방패입니다. 하나님과 복음의 진리를 포기하지 않는 것이 불법의 사람을 대항하는 가장 강력한 무기입니다. 그래서 바울은 "그러므로 형제들아 굳건하게 서서 말로나 우리의 편지로 가르침을 받은 전통을 지키라"(2:15)로 했습니다. 현재 활동하는 불법의 비밀도 복음 활동으로 거짓이 밝혀질 수 있습니다. 적그리스도들은 주님의 재림 때까지 완전하게 섬멸될 수는 없습니다. 그러나 주님의 최종적인 승리를 믿고 복음의 진리로 계속해서 전진하면 교회의 약점도 보강되고 앞으로 드러날 불법의 사람을 저항하는 저력도 쌓이게 될 것입니다.

바울도 교회와 복음의 승리를 굳게 믿으면서 쉬지 않고 말씀을 전하였습니다. 우리는 구원의 복음에 충실하게 사는 한, 어떤 세력에도 굴하지 않고 담대하게 믿음을 지킬 수 있습니다. 진리는 드디어 모든 악과 거짓을 이기고 승리할 것입니다. 불법의 사람은 오래 가지 못합니다. 주님은 전능하신 하나님이십니다. 그의 입김에 불법의 사람과 사탄이 철저하게 붕괴할 것입니다. 하나님께서는 예수 그리스도의 십자가로 값없이 제공되는 '진리의 사랑'(10절)을 배척하고 거짓을 따르는 자들을 사탄과 그의 하수인인 불법의 사람과 함께 멸하실 것입니다.

> "진리를 믿지 않고 불의를 좋아하는 모든 자들로 하여금
> 심판을 받게 하려 하심이라"(살후 2:12).

> "그들을 태워버리고 또 그들을 미혹하는 마귀가 불과 유
> 황 못에 던져지니 거기는 그 짐승과 거짓 선지자도 있어
> 세세토록 밤낮 괴로움을 받으리라"(계 20:9-10).

10장

구원받은 자들의 안전
데살로니가후서 2:13-17

바울은 앞 항목에서 예수님의 재림 이전에 선행하게 될 배교와 불법의 사람에 대한 가르침을 주었습니다. 이제 바울은 이러한 가르침의 배경에서 데살로니가 교인들이 어떤 자세로 살아야 하는지를 말합니다. 바울은 교회에 가르침을 주고 나면 거기서 그치지 않고 주어진 가르침에 비추어 성도들의 삶을 권면하고 격려합니다. 이것은 그의 모든 서신에서 쉽게 확인할 수 있습니다. 단순하게 그의 서신을 나눈다면 전반부는 교리적인 가르침이고 후반부는 윤리적인 교훈이라고 말할 수 있습니다.

그러나 그의 서신들을 자세히 보면 반드시 이런 양식을 항상 그대로 따른 것은 아님을 알 수 있습니다. 바울은 서신의 전반부에서도 가르침을 주면서 종종 그때그때 적용을 위한 권면이나 경고를 하였습니다. 그의 서신은 형식적이기보다는 성령의 인도에 따른 목회 서신이었으므로 말씀을 하다가도 자주 적용을 하고 하나님을 찬송하며 축도하였습니다.

중요한 것은 권면이나 경고 및 격려의 윤리적 교훈이 교리적인 성경의 진리에 바탕을 두었다는 사실입니다. 바울은 추상적인 말은 전혀 한 적이 없습니다. 그는 교회에 직접적인 도움이 되지 않는 가르침은 주지 않았습니다. 그는 언제나 복음의 진리를 강론하고 이를 밑받침으로 삼아 적용을 하였습니다. 우리도 성도들 사이에서 교제할 때 이 같은 모범을 따라야 합니다. 그냥 막연하게 하나님이 알아서 잘 되게 하실 것이라든지, 혹은 교인이 그러면 안 된다든지, 아니면 앞으로 서로 잘해 보자는 식의 격려나 권면을 해서는 아무 유익이 없습니다. 바울의 방법은 하나님의 계시에 따른 가르침을 주고 나서 여러 가지 권면을 하는 것이었습니다. 그러므로 그의 적용은 복음의 내용에 근거한 논리적인 호소였습니다. 본문에서도 이 점이 잘 나타나고 있습니다.

주께서는 자기 자녀들을 사랑하십니다.

"주께서 사랑하시는 형제들아 우리가 항상 너희에 관하여 마땅히 하나님께 감사할 것은 하나님이 처음부터 너희를 택하사 성령의 거룩하게 하심과 진리를 믿음으로 구원을 받게 하심이니" (2:13).

바울은 본 절과 다음 절에서 하나님의 구원이 어떤 것인지를 언급합니다. 단 두 절밖에 되지 않지만, 기독교 구원론의 대요입니다. 그런데 여기서 바울은 첫 마디로 무슨 장황한 서론을 꺼내지 않습니다. 그의 첫마디는 "주께서 사랑하시는 형제들"입니다. 복음 때문에 박해를 받는 데살로니가 교인들에게는 이 말씀이 실감이 가지 않았을지 모릅니다. 어쩌면 반발이 생길 수도 있었을 것입니다. 우리는 어려움을 당할 때 하나님의 도우심을 갈망합니다. 기도도 더 간절히 하고 하나님의 말씀도 더 사모합니다. 그런데 결국 일이 틀어지고 해결되지 않으면 어떻게 됩니까? 크게 실망합니다. 그때 우리는 하나님의 사랑을 의심하기 쉽습니다. 그럴 때 '하나님께서 당신을 사랑하십니다.'라고 말한다면 당장 '그러면 왜…?'라는 반발조의 반문이 터져 나올 것입니다. 우리는 주님이 나를 사랑하신다면 나의 기도를 들어주시고 내 문제를 해결해 주셔야 한다고 봅니다.

바울은 데살로니가 교회가 큰 박해를 받고 있었음에도 주께서 그들을 사랑하신다고 말했습니다. 데살로니가 교회는 분명 자신들이 받는 박해가 거두어지기를 간절히 기도하면서 주님의 재림을 기다렸을 것입니다. 그러나 박해는 계속되었고 주님은 재림하시지 않았습니다. 오히려 주님의 재림은 배교와 불법의 사람이 먼저 나타나야 하므로 당장 일어나지 않는다는 가르침을 받았습니다. 물론 이것은 주님이 이미 재림하셨다고 주장하는 사람들의 말이 거짓이라는 점에서는 안심이 되었을 것입니다.

그러나 주님이 그들을 사랑하신다는 말은 그들이 처해 있는 어려운 현실에서 보면 믿어지지 않았을 것입니다. 그렇지만 바울이 왜 그렇게 말했는지를 들어 보면 하나님의 사랑을 의심할 수 없습니다.

바울은 불안해하고 흔들리는 데살로니가 교인들에게 제일 먼저 그들이 하나님의 사랑을 받고 있다는 사실을 먼저 지적했습니다. 그들은 예수 그리스도를 믿고 난 때부터 사회의 무시와 불이익을 당하는 소수파에 속하게 되었습니다. 그들은 자신을 보호할 능력이 없었습니다. 그들이 받는 외부의 박해를 저지시킬 힘도 없었고, 그들을 미혹하려는 거짓 교사들의 두려운 가르침도 즉각 물리칠 수 있는 준비가 부족하였습니다.

바울은 약자의 처지에 놓인 그들을 안심시키기 위해 하나님의 사랑을 말하였습니다. 하나님의 사랑은 신자들의 안정과 위로의 바탕입니다. 내가 하나님의 사랑을 받는 자라는 사실을 확실하게 알고 의심하지 않는다면, 어려움 속에서도 큰 격려를 받을 수 있습니다. 그럼 하나님께서 데살로니가 교인들을 어떻게 사랑하셨을까요?

첫째, 하나님께서 그들을 택하셨습니다.

"처음부터 너희를 택하사" (13절).

우리의 구원은 하나님의 영원한 사랑에 기인한 것입니다. 하나님의 사랑이 구원의 출처입니다. 하나님께서 데살로니가 교인들을 먼저 택하신 까닭은 그들을 사랑하셨기 때문입니다. 하나님께서는 그들을 택하신 후에 사랑하신 것이 아니고, 그들에 대한 사랑이 먼저 있었기 때문에 구원하시기로 작정하셨습니다. 하나님께서는 사랑 안에서 우리를 예정하시고 택하셨습니다(엡 1:4-5).

하나님께서 우리를 진노의 대상으로 택하신 것이 아니고, 사랑하셔서 구원하시려고 택하셨다면 어떤 일이 있어도 안심할 수 있습니다(살전 5:9). 물론 현재 어려움이 있을지라도 궁극적으로 신자들은 하나님의 사랑을 받기 때문에 안전합니다.

우리는 주님을 믿기 전에는 자기를 구원할 수 없는 연약한 존재였습니다. 우리는 하나님을 사랑하지도 않았고 하나님을 알지도 못하였습니다. 그러나 하나님께서 먼저 우리를 사랑하시고 구원에 필요한 모든 것을 제공하셨습니다(요일 4:9-10). 그래서 구원은 하나님의 사랑과 선택의 덕분이라고 하지 않을 수 없습니다(요 15:16).

둘째, 성령으로 복음을 믿고 구원을 받게 하셨습니다.

"성령의 거룩하게 하심과 진리를 믿음으로 구원을 받게 하심이니"(13절).

우리는 복음을 믿고 구원을 받습니다. 그런데 복음을 믿기 이전에 하나님께서 공급하시는 은혜의 수단이 필요합니다. 그것이 곧 '성령의 거룩하게 하심'입니다. '거룩하게 한다'는 말은 '성화'라고도 하는 전문 술어입니다. 원뜻은 '구별한다' 혹은 '따로 놓는다'는 의미입니다. 성경에서 이 말은 주로 하나님의 특별한 용도를 위해서 별도로 구별해 둔다는 의미로 쓰입니다. 그래서 이스라엘 백성들뿐만 아니라 성전의 기구들도 모두 거룩하다고 했습니다. 우리도 하나님의 특별한 용도를 위해서 구별된 거룩한 백성입니다. 우리는 하나님을 섬기고 주님의 모습을 닮기 위한 목적으로 택함을 받은 성도들입니다.

그러나 본 절에서는 문맥상 그리스도의 형상을 닮는 성화를 가리키지 않습니다. 만일 그렇다면 구원은 성화와 믿음이라는 두 가지 요소가 채워져야 받는다는 말이 됩니다. 여기서는 '성령의 거룩하게 하심'은 우리를 구원하시려고 우리의 삶 속에서 역사하시는 성령의 예비적 활동을 가리킵니다. 성령께서는 우리가 복음을 이해하고 예수 그리스도를 대속주로 믿을 수 있도록 굳은 마음을 부드럽게 하시고 닫힌 마음을 열게 하십니다(행 16:14).

이것은 우리가 잘 의식할 수 없어도 예수께로 우리의 마음이 끌리게 하는 강력한 능력입니다. 그래서 평소에 복음에 대해서 가졌던 편견이나 하나님에 대한 반항심이나 혹은 무관심에서 점차 풀려나게 됩니다. 그러다가 언젠가 십자가의 의미가 영혼을 두드리고 자신이 하나님의 구원이 필요한 죄인이라는 사실을 깨닫게 됩니다. 그러면 하나님의 사랑이 십자가를 통해서 느껴집니다.

우리가 구원받는 것은 내가 먼저 믿었기 때문도 아니고 내 믿음이 좋아서도 아닙니다. 나를 구원하시기로 택하신 분도 하나님이시고 내가 그리스도를 구주로 믿을 수 있도록 인도하신 분도 하나님이십니다(참조. 요 16:8; 행 2:37; 14:27; 살전 1:5). 신자들은 마음을 닫고 믿기를 거절하는 불신자들과 대조적으로(2:10-12) 성령에 의해서 영적 눈이 열려 복음을 믿게 된 자들입니다.

셋째, 복음으로 부르셨습니다.

"이를 위하여 우리의 복음으로 너희를 부르사"(14절).

'이를 위하여'는 13절에서 언급한 구원을 말합니다. 복음이 구원을 받는 수단입니다. 하나님께서는 택함 받은 자들이 복음을 받아들이도록 성령의 내적인 사역이 선행되게 하십니다. 그다음 복음으로 우리를 부르시고 우리가 믿음의 반응을 보이도록 인도하십니다. 하나님의 택하심은 영원 전에 하나님의 마음속에서 일어난 일입니다. 그러나 각 개인이 복음을 믿도록 부름을 받는 것은 삶의 어느 시점에서 일어납니다. 바울은 "우리의 복음으로 너희를 부르사"라고 했습니다. 이것은 데살로니가 교인들이 과거에 바울과 그의 동역자들이 전한 복음을 듣고 신자가 된 것을 회상하는 말입니다.

넷째, 구원의 궁극적인 목적은 그리스도의 영광을 얻게 하는 것입니다.

"우리 주 예수 그리스도의 영광을 얻게 하려 하심이니라"
(14절).

우리를 향한 하나님의 사랑의 크기는 우리의 구원이 예수 그리스도의 영광과 연결될 때 제대로 드러납니다. 하나님께서 우리를 구원하시는 궁극적인 목적은 예수님의 영광을 나누어 받게 하기 위한 것입니다. 예수님은 죄인들을 살리시려고 대속의 형벌을 받기 위해 세상에 오셨습니다. 예수님은 그를 구주로 믿는 자녀들에게 자신의 영광을 나누어 주기 위해서 다시 세상에 오실 것입니다(1:12). 하나님의 뜻은 그의 자녀들이 세상에서 예수 그리스도의 형상을 닮으면서 선한 일에 열심을 내며, 주님의 영광이 나타나기를 기다리는 것입니다(딛 2:11-14; 창 18:19). 다시 말해서 "부르심에 합당한 자로"(1:11) 여김을 받을 수 있도록 믿음 생활을 하는 것입니다.

이 같은 하나님의 뜻에 신실한 자녀들에게는 주님의 재림 때 주님께 속한 영광이 주어질 것입니다. 하나님께서 예수님의 십자가로 제공하시는 구원은 단순히 자기 백성의 죄를 용서하고 천국에 들어가게 하는 것 이상의 차원이 있습니다. 그것은 자기 백성을 그리스도의 영광으로 영광스럽게 하는 것입니다(2:14).

데살로니가 교회는 박해의 고난 속에 있었습니다. 게다가 그릇된 재림 사상의 영향으로 마음이 흔들렸습니다. 그때 바울은 먼저 그들에게 재림에 대한 올바른 가르침을 강론하였습니다. 그 다음 그들을 향해 "주께서 사랑하시는 형제들"이라고 불렀습니다. 이것은 단순히 듣기 좋은 말이 아니었습니다. 바울은 하나님께서 그들을 사랑하신다는 사실을 증명하기 위해서 그들이 받은 구원이 얼마나 깊고 오래된 하나님의 변함 없는 뜻인지를 열거하였습니다. 그들은 자신들이 아무런 선을 행하기도 전에 하나님의 사랑 안에서 택함을 받았습니다. 그리고 성령의 선행적인 활동으로 복음의 진리를 믿게 되었고 더 나아가 그리스도의 재림 영광에 참여하게 될 자들이었습니다.

이러한 하나님의 계획은 중간에 폐기되거나 변경되지 않고 주님의 재림 때까지 진행될 것입니다. 주 예수 그리스도를 구주로 믿는 성도들은 하나님의 마지막 심판의 진노에서 보호를 받고 종결적인 구원에 이르게 될 것입니다(살전 1:10; 5:9). 이러한 하나님의 구원 계획에 담긴 하나님의 사랑을 알면, 비록 불법의 사람이 무서운 박해를 하여도 흔들리지 않을 것입니다(2:2).

바울은 불안해하고 두려워하는 데살로니가 교인들에게 막연한 낙관이나 근거 없는 위로를 하려고 하나님께서 그들을 사랑하신다고 말하지 않았습니다. 우리가 당황스럽거나 혼란을 일으킬 때 기억해야 할 것이 무엇입니까? 우리를 향한 하나님의 사랑입니다. 우리는 물론 과거의 삶 속에서 여러 형태로 체험되었던 하나님의 사랑을 기억할 수 있을 것입니다. 그러나 그런 사랑의 기억들은 각자의 신앙과 인생 행로가 다르기에 정도의 차이가 있습니다. 하지만 하나님께서 주시는 구원에는 차이가 없습니다. 누구나 동일한 예수 그리스도의 십자가 구원을 받습니다. 이 구원은 세상 끝날까지 변함이 없을 것입니다. 우리는 어려움에 봉착할 때마다 영원한 구원으로 우리를 구원하신 하나님의 사랑을 기억해야 합니다. 이것이 하나님께서 우리가 고난을 겪을 때 힘을 내게 하는 치유책입니다. 데살로니가 교인들은 자신들이 하나님의 사랑을 받는 성도들이라는 사실을 하나님의 구원을 상기하는 것으로 확인해야 했습니다. 그렇다면 우리도 같은 방법으로 하나님의 사랑을 확인해야 합니다.

하나님의 사랑은 성경의 한결같은 주제입니다. 하나님께서는 자기 아들을 세상에 보내시고 우리의 죄를 위한 화목제물이 되게 하셨습니다(요일 4:10). 또한, 주님과 함께 우리를 죽은 자들 가운데서 살리시고, 그리스도와 함께 하늘에 앉히셨으며, 신분적으로 의로운 하나님의 자녀들이 되게 하셨고, 주님과 함께 영생을 누리게 하셨습니다(엡 2:4-6; 롬 5:17, 21).

바울은 하나님께서 데살로니가 교인들을 사랑하셔서 그들을 구원하기 위해 택하시고 부르셨다는 사실을 알았습니다. 그래서 그는 하나님께서 그들을 주의 재림 때까지 지켜주실 것을 믿고 감사하였습니다. 이러한 하나님의 사랑의 목적은 실패하지 않습니다. 데살로니가 교회의 안전을 확신할 수 있는 근거는 그들의 믿음이 아니고, 그들에 대한 하나님의 사랑이었습니다. 주께서 우리를 사랑하시면 우리의 삶은 비록 환난을 맞아도 무너지지 않습니다. 주님의 사랑은 우리의 소망이며 영원한 구원의 닻입니다.

신자들의 책임

"그러므로 형제들아 굳건하게 서서 말로나 우리의 편지로
가르침을 받은 전통을 지키라"(15절).

바울은 하나님께서 데살로니가 교인들을 크게 사랑하신다는

사실을 그들이 받은 구원을 증거로 내세웠습니다. 그들은 하나님의 택하심을 받아 복음을 믿고 주님의 재림 영광에 참여할 자들이었습니다. 그렇다면 그들은 염려할 것이 없었습니다. '불법의 사람'이 교회와 성도들을 공격하여도 그들은 주님의 재림 때 영광을 받게 될 것입니다. 그래서 바울은 "주는 미쁘사 너희를 굳건하게 하시고 악한 자에게서 지키시리라"(살후 3:3)고 격려하였습니다.

그렇지만 바울은 데살로니가 교인들에게 하나님의 택하심과 부르심으로 복음을 믿고 재림 때 그리스도의 영광을 나누게 되었으니 안심하고 허리끈을 풀라고 말하지 않았습니다. 구원의 약속은 무책임하거나 게으름을 피워도 된다는 보장은 아닙니다. 구원은 하나님의 주권적인 선택에 따른 은혜의 선물입니다. 그러나 구원을 받은 성도는 주님 앞에서 "굳건하게 서서" 살아야 할 책임이 있습니다. 이것은 우리 자신들을 위해서도 반드시 필요한 일입니다. 무엇보다도 우리는 '불법의 사람'이 사탄의 조종을 받고 악한 영향을 주고 있다는 사실을 직시하여 그의 위험으로부터 보호되어야 하기 때문입니다. 데살로니가 교회처럼 현대 교회에도 불법의 사람이 활동 중입니다(딤전 4:1; 딤후 3:1-7)

그래서 바울은 본 절에서 '그러므로'라는 말로 데살로니가 교인들의 책임을 언급하였습니다. '굳게 서는 것'은 태풍에 날려가지 않도록 손잡이를 굳게 잡으라는 뜻입니다. 그럼 무엇을 굳건하게 해야 할까요? 성도들이 굳게 붙잡고 서 있어야 하는 것은 복음 진리입니다. 바울은 데살로니가 교인들에게 직접 대면하여 복음을 전하였고 서신도 사용하였습니다. 본 서신도 그중의 하나였습니다.

바울은 이러한 가르침을 '전통'이라고 불렀습니다. 신약에서 '전통'이라는 말은 부정적인 의미로 사용되기도 하고, 긍정적인 의미로 사용되기도 합니다. 예를 들어, 예수님은 바리새인들과 유대인들이 하나님의 계명을 버리고 장로들의 전통을 지킨다고 지적하시고 이를 '사람의 전통'이라고 하셨습니다(막 7:3-9). 바울도 골로새서 2:8절에서 이단의 가르침을 '사람의 전통'이라고 불렀습니다. 그러나 긍정적인 의미로는 사도들이 주님으로부터 직접 받은 하나님의 말씀을 가리킵니다(고전 11:2, 23; 15:3). 즉, 말씀의 근원이 인간이 아니고 하나님 자신입니다. 그래서 바울은 자신이 전한 복음을 "하나님의 말씀"(살전 2:13)이라고 했습니다.

그러니까 '전통을 지키라'는 말은 일반적인 의미의 문화적 전통이나 관습을 말하는 것이 아닙니다. 이것은 교회 전통과도 구별되어야 합니다. 교회에는 제도화된 관습이나 의식들이 있습니다. 그러나 바울은 여기서 신자들이 굳건하게 서 있기 위해서 사도들의 가르침이 아닌, 신약 시대 이후에 생겨난 교회 전통을 지켜야 한다고 말하는 것이 아닙니다.

우리가 사이비 가르침이나 여러 가지 위협으로부터 굳건하게 믿음의 자리를 지키려면 복음의 진리를 잘 익혀야 합니다. 우리가 불안하거나 흔들리는 근본 이유는 하나님의 사랑이 절절히 배어 있는 구원의 뜻을 건성으로 배우거나 관심을 두지 않기 때문입니다. 교회만 다니는 것으로는 부족합니다. 반드시 시간을 내어 성경을 읽고 깨달아가야 합니다. 성경을 공부하는 것은 우리의 책임입니다. 성경을 배울 기회를 붙잡아야 합니다. 좋은 강해 설교를 들어야 하고 본문에 충실한 강해서를 읽어야 합니다. 그리고 배운 말씀을 자기 삶의 지침으로 삼고 적용해 나가야 성도로서 자랍니다. 이런 방식으로 자라지 않으면 거짓과 박해의 바람이 불 때 쉽게 날리고 맙니다(참조. 히 2:1).

선택 교리는 신자들의 책임을 배제하지 않습니다. 오히려 신자들의 책임 있는 삶을 통해서 구원의 목적이 살아나고 성령의 활동이 열매를 맺습니다. 복음의 진리를 믿고 따르면 그 능력을 체험할 수 있습니다. 이것이 하나님께서 성도들을 양육하시고 하나님의 주권적인 구원 계획을 펼쳐 나가시는 방법입니다.

바울의 기도

"우리 주 예수 그리스도와 우리를 사랑하시고 영원한 위로와 좋은 소망을 은혜로 주신 하나님 우리 아버지께서 너희 마음을 위로하시고 모든 선한 일과 말에 굳건하게 하시기를 원하노라" (2:16-17).

바울의 기도는 많은 것을 시사합니다. 그의 기도 속에는 복음의 교리가 있고 목회적인 격려가 있으며 하나님의 도우심에 대한 의존이 있습니다.

첫째, 바울은 성자와 성부의 신성을 언급합니다.

"우리 주 예수 그리스도와 … 하나님 우리 아버지께서"라고
한 것은 성자와 성부가 동등한 신성을 가졌으며 온전한 연합의
관계임을 드러냅니다. 바울은 예수님과 하나님을 나란히 병렬시
켰을 뿐만 아니라 예수님을 먼저 언급하였습니다(비교. 살전 1:1;
3:11; 살후 1:1). 예수님이 십자가에서 처형되신 지 불과 20년 정도
밖에 되지 않을 때 예수님을 성부 하나님과 동일한 신성을 가지
신 분으로 진술한 것은 놀라운 일입니다. 초대 교회는 예수님의
부활 이후로 예수님의 신성을 당연시하였습니다.

둘째, 성부 하나님을 성도들과의 관계에서 진술합니다.

"우리를 사랑하시고 영원한 위로와 좋은 소망을 은혜로
주신 하나님 우리 아버지께서"(2:16).

바울은 하나님께서 데살로니가 교인들을 사랑하셔서 택하시
고 구원하셨으며 그들이 주의 재림 영광을 나누게 될 것이라고
말했습니다. 이것은 위로와 소망이었고 또한 하나님의 은혜였습
니다. 바울은 하나님께서 주시는 위로를 '영원한 위로'라고 불렀
습니다. 하나님께서 이 악한 세상에서 복음을 위해 사는 자녀들
을 위로하시는 것은 일시적인 것이 아닙니다. 그것은 예수 그리
스도를 통한 영원한 구원에 근거한 것이므로 사라지거나 중단되
지 않습니다. 또한, 하나님께서는 자기 자녀들을 그리스도의 재
림 영광에 참여하게 하시고 복음을 위해 환난을 받는 자들에게는

안식으로 갚아주실 것입니다(1:7). 그러므로 하나님께서 주시는 위로는 '영원한 위로'입니다(고후 4:16-18).

바울은 하나님께서 데살로니가 교인들에게 '좋은 소망'을 주셨다고 했습니다. '좋은 소망'이란 무엇입니까? 희망과 소망은 동의어입니다. 그런데 우리나라 교회에서는 희망이라는 말은 잘 쓰지 않고 소망이라고 합니다. 아마도 그 까닭은 일반 사회의 의미와 성경의 의미를 구별하기 위한 것인 듯합니다. 희망이라고 하면 보통 불확실한 낙관을 뜻합니다. 그러나 성경에서 말하는 '소망'(헬. 엘피스)은 성경의 약속을 믿음으로 확신하고 바라는 것을 뜻합니다. 그런데 이 소망은 '좋은' 소망이라고 했습니다. 좋은 소망이 있으면 '나쁜' 소망도 있습니다. 세상이 주는 약속들은 막연한 기대를 할 수는 있을지 몰라도 확신은 할 수 없습니다. 또한, 대부분은 헛되며 궁극적으로 인류의 안전과 행복을 성취하지 못합니다. 이것은 결코 좋은 소망이 아닙니다.

그러나 성경의 '좋은 소망'은 예수님 안에 간직되었으므로 주님의 재림과 함께 모두 완전하게 성취될 것입니다. 바울은 '영원한 위로와 좋은 소망'이 하나님께서 '은혜로' 주신 것이라고 했습니다. 우리가 받는 온갖 좋은 것들은 모두 하나님께서 은혜의 선물로 거저 주시는 것입니다.

우리의 구원도 하나님의 은혜이며 우리의 믿음도 하나님이 주신 은혜입니다. 우리의 마음이 그리스도 안에서 강건해질 수 있는 것도 하나님의 은혜이며 주님의 재림 영광에 참여하는 것도 하나님의 한량 없는 은혜의 덕분입니다. 우리에게 확실한 내일의 소망이 있는 것은 우리 자신들이 자격이 있거나 잘나서가 아니고 하나님께서 예수 그리스도를 통하여 우리를 은혜로 대하시기 때문입니다.

바울은 2:13-14절에서 하나님의 구원의 사랑을 언급하였습니다. 그는 여기서 다시 한번 데살로니가 교인들에게 하나님께서 그들을 얼마나 사랑하시는지를 상기시켰습니다. 우리도 기도할 때 하나님께서 우리를 구원하려고 행하신 사랑의 행위들을 마음에 떠올리는 습관을 갖도록 합시다.

셋째, 바울은 성도의 책임을 놓고 하나님의 도우심을 간구했습니다.

"너희 마음을 위로하시고 모든 선한 일과 말에 굳건하게
하시기를 원하노라" (2:17).

마음을 위로하시는 분은 하나님이시지만 선한 언동은 성도의 책임입니다. 바울은 데살로니가 교인들에게 그가 준 가르침의 전통을 지키라고 했습니다(15절). 이것이 굳건히 서는 일이었습니다. 그런데도 바울은 하나님께서 그들을 굳건하게 해 주시기를 간구하였습니다. 하나님께서는 데살로니가 교인들을 택하셨고 구원하셨으며 마지막 날까지 보호하실 것이었습니다. 그리고 그들로 하여금 예수님의 재림 영광에 참여하게 하실 것이라고 약속하셨습니다.

그렇다면, 그 약속을 믿기만 하면 되지 않을까요? 그러나 바울은 하나님의 약속과 기도의 관계를 알았습니다. 하나님께서는 약속하신 것을 이루기 위해 기도를 사용하십니다. 이것은 신자들을 하나님의 구원 계획에 참여하게 하여 하늘 아버지의 일을 돕게 하는 것이므로 커다란 특권입니다. 보잘것없는 우리가 하나님의 신령한 사역에 동승하여 하나님의 일에 협력할 수 있다는 것은 우리에게 긍지가 되고 더욱 적극적인 기도를 위한 동기 부여가 됩니다.

우리는 하나님의 약속을 상속받기 위해서 기도해야 하며, 하나님께서 약속하신 것은 우리가 기도하라고 격려하는 말씀으로 보아야 합니다. 또한, 우리의 책임 사항을 놓고 기도해야 하는 까닭은 하나님으로부터 위로와 능력을 받기 위해서입니다. 주를 기쁘게 해 드리려는 선행은 희생을 요구할 때도 잦고 여러 가지 유혹과 반대로 좌절할 때도 적지 않습니다. 그럴 때마다 힘없는 무릎을 다시 일으켜 세우고 선한 싸움을 계속하게 하는 것은 하나님께서 공급하시는 위로와 능력입니다.

우리에게는 하나님의 위로가 있고 미래의 좋은 소망이 있습니다. 우리는 하나님께 기도하여 모든 선한 일을 위한 능력을 받을 수 있습니다. 좋은 소망을 가졌다면 선한 삶을 살아야 합니다. 소망이 없는 자들이라면 아무렇게나 살아도 될 것입니다. 그러나 우리는 "불의와 모든 속임으로 멸망하는 자들"(2:10)이 아닙니다. 우리는 주의 재림 영광에 참여하는 복을 약속받은 성도들입니다.

그래서 더욱 담대하여 복음의 전통을 지키며 하나님을 기쁘게 해 드리는 선한 삶을 살아야 하겠습니다.

그런데 "선한 일과 말에 굳건하게" 되는 것은 단순한 자선이나 도덕적 측면의 언행을 가리키지 않습니다. 물론 그리스도의 사랑을 드러내는 구제나 이웃에게 도움이 되는 선행을 해야 하고 맑은 양심으로 은혜롭고 지혜로운 말을 해야 합니다. 여기서 '말'은 말조심을 하는 차원 이상의 의미로 적용되어야 합니다. '말'은 무엇보다도 하나님의 말씀에 바탕을 두어야 합니다. 진리의 말씀, 곧 복음에 대한 말이 제일 중요합니다. 강단의 말씀과 성경 공부로 깨달은 복음 진리에 대한 확신이 일상생활을 위한 사상적 기초가 되고 우리의 언행의 자원이 되어야 합니다.

교회의 말씀은 원래 하나님의 계시에서 비롯된 것입니다. 그러므로 성경의 가르침에 어긋나는 모순된 말을 하거나 사람의 전통을 전하면서 말씀 중심이라고 하면 일종의 기만입니다. 그릇된 가르침과 준비되지 않은 부실한 말씀들은 교인들을 몽매하게 만들고 결국 바울이 염려하는 거짓 가르침에 넘어가기 쉬운 길을 터놓습니다. 인간적인 처세 강론, 추상적인 도덕 강좌, 궤도 없는 산만한 설교 등이 영혼을 피곤하게 하고 메마르게 합니다. 성도의 언행은 복음의 말씀에서 우러나는 것이어야 합니다. 성도의 선한 행위와 말은 복음의 진리로 걸러지고 담금질 되는 과정을 거칠 때만 하나님께서 받으시고 기뻐하시는 제사가 됩니다(히 13:16).

바울의 기도가 주는 교훈

바울은 본 항목을 감사로 시작하였습니다. 그는 하나님께서 데살로니가 교인들을 구원하신 일을 생각할 때 감사하지 않을 수 없었습니다. 그는 데살로니가 교인들에게 단 두 절로 구원 교리의 핵심을 간명하게 진술하였습니다(2:13-14). 그러고 나서 그들에게 복음의 전통을 지킬 것을 권면하고 하나님을 높이며 그의 도우심을 비는 기도로 끝을 맺었습니다. 그러니까 몇 절 되지 않는 짧은 글 속에 감사, 격려, 권면, 찬양, 기도, 교리가 모두 들어 있습니다. 마치 예배의 내용이 다 포함된 듯합니다. 이것은 오늘날 우리가 복음을 가르치는 방법과 사뭇 다르다는 인상을 줍니다.

현대 교회는 신학자와 목회자와 선교사가 별도로 나누어져 있습니다. 신학은 너무도 전문화되어서 일반 신자들에게는 전혀 다가오지 못합니다. 목회자들도 신학교육을 받지만 실제로 교회 사역을 할 때는 복음을 성도들의 삶 속에서 제대로 적용할 능력이 부족한 경우가 많습니다.

바울은 데살로니가 교회를 돕기 위해서 디모데를 보냈습니다(살전 3:2). 그런데 디모데는 단순한 선교사가 아니고 성경을 강해하는 목회자였습니다. 그도 사도 바울 밑에서 수학한 훌륭한 신학자였습니다. 그러나 그는 교회를 돕는 자로서 파송을 받았습니다.

성경에는 신학을 위한 신학이 없습니다. 모든 신학은 교회의 시종이어야 합니다. 바울은 교회를 위해서 신학을 강론하였습니다. 그는 논문을 써서 신학 박사가 되지 않았습니다. 그는 목회서신을 써서 대신학자가 되었습니다. 그가 누구에게 서신을 보냈습니까? 일반 성도들이 모여 있는 교회였습니다. 그의 신학은 교회와의 관계 속에서 드러났습니다. 바울의 글은 모두 목회적 관심으로 성도를 가르치는 것이 목적이었습니다. 그는 논쟁을 했어도 교회의 문맥 안에서 성도들을 깨우치고 가르치며 그들이 당한 현안 문제들을 다루기 위해서 복음을 변호하였고 거짓을 입증하였습니다.

바울은 선교사면서 신학자였고, 신학자면서 목회자였습니다. 초대 교회에서는 신학과 목회와 선교가 분리되지 않았습니다. 초대 교회의 일꾼들은 사도들을 위시하여 모두 선교사였고 목회자였으며 신학자였습니다.

현대 교회에는 신학 박사 학위를 가지고 있으면서도, 일반 성도들 앞에서 복음을 선명하고 능력 있게 설교하지 못하는 경우도 허다합니다. 그러나 초대교회에는 설교를 못 하는 신학자는 한 사람도 없었습니다. 신학이나 목회나 선교가 전문화되는 것은 시대적 상황이나 효율적인 면에서 필요할지 몰라도, 일반 성도들이 있는 교회의 절실한 필요를 외면한 채 동떨어진 별도의 영역에서 안주하는 것은 바람직하지 않습니다. 아무리 세상이 알아주는 신학 학위나 지식이 있어도 성도들이 날마다 이 세상에서 겪는 현실적인 문제들에 대해서 실제적인 도움을 주지 못하는 가르침이라면 반성해 보아야 합니다..

바울의 신학은 우리로 하여금 경외와 겸비로 주 하나님의 구원과 사랑을 찬양하게 합니다. 우리가 연구하고 제시하는 신학이 일반 성도들에게 과연 어느 정도의 영적 유익을 주고 있는지 검토해 보아야 합니다. 교회 문제에 대한 바울의 깊은 관심은 우리의 이기적인 무관심을 부끄럽게 합니다. 교회는 복음을 믿는 성도들이 항상 자신의 문제들을 안고 오는 곳입니다. 그들의 현실적인 고민을 복음으로 풀어주기 위해서 우리는 얼마나 힘쓰고 있는지도 곰곰이 생각해 볼 문제입니다.

바울이 올리는 기도의 내용은 우리의 피상적인 기도에 대한 경책입니다. 우리의 기도를 바울의 기도와 비교해 보십시오. 얼마나 다른지 모릅니다. 우리는 바울의 모든 말이 성령의 영감으로 된 것이라고 믿습니다. 그러면서도 바울의 기도를 닮지 못하는 까닭이 무엇입니까? 교회가 아무리 크고 사람들이 많이 모여도 바울의 기도가 나오지 않는 교회라면 미숙한 교회입니다. 아무리 높은 강단에서 섬겨도 일반 성도들의 문제들을 성경의 가치관과 말씀으로 돕지 못하면 자신의 직책이 자랑스러울 수 없습니다. 아무리 높은 신학 학위의 소유자라도 일반 성도들이 알아들을 수 있도록 복음을 강론하고 그들로 하여금 주님 앞에 무릎을 꿇게 할 수 없으면 교회에 별다른 도움이 되지 못합니다.

바울은 하나님의 말씀을 받고 선교하였고 교회를 세웠습니다. 그는 밤낮으로 동역자들과 함께 교회에서 가르쳤습니다. 그는 복음의 말씀이 불신자와 교인들에게 분명하고 능력 있게 전달되도록 사력을 기울였습니다. 우리는 어쩌면 너무도 편안하게 교회를 섬기고 있는지 모릅니다. 우리에게는 초대 교회 때와 같은 박해가 없습니다. 그러나 '불법의 사람'은 쉬지 않고 일합니다. 그는 뚜렷한 사명감을 가진 자입니다. 그는 자신의 사역에 투철하고 전적인 헌신으로 임합니다. 그는 진리가 아닌 것을 위해 자신의 목숨을 겁니다. 우리가 거짓으로부터 보호를 받고 주님의 능력과 영광을 교회를 통해 드러내려면 다시 한번 우리가 처한 교회의 열악한 현실을 직시하고 사도들이 가르친 복음과 그들의 사역을 본받아 교회를 새롭게 하는데 전력을 쏟아야 할 것입니다.

11장

바울의 기도 부탁
데살로니가후서 3:1-5

"끝으로 형제들아 너희는 우리를 위하여 기도하기를 주의
말씀이 너희 가운데서와 같이 퍼져 나가 영광스럽게 되고
또한 우리를 부당하고 악한 사람들에게서 건지시옵소서
하라 믿음은 모든 사람의 것이 아니니라"(살후 3:1-2).

바울은 하나님께서 예수 그리스도와 그의 복음을 통해서 위로
와 좋은 소망을 주신다고 언급하였습니다(2:16). 그는 이제 예수
그리스도의 복음이 방해를 극복하고 널리 퍼져 나가도록 데살로
니가 교회에 기도 부탁을 합니다.

바울은 어린 교회에 기도 부탁을 했습니다.

바울이 데살로니가 교회를 개척하고 두 개의 서신을 쓸 때까

지 데살로니가 교회는 아마 2년도 되지 않은 어린 교회였습니다. 그런데 바울은 주님으로부터 직접 이방인 선교의 소명을 받고 복음에 대한 거대한 계시를 전하는 사도였습니다. 하나님께서는 그를 통해서 풍성한 선교의 열매가 달리게 하셨고 그가 가는 곳마다 함께 하셔서 감옥에서 기적으로 풀려나게도 하시고 혹은 병자들을 고치며 귀신 들린 자를 마귀의 속박에서 구출하기도 했습니다.

데살로니가 교인들도 그가 와서 복음을 전할 때 하나님께서 드러내신 큰 능력과 성령의 확신으로 주 예수를 영접하였습니다(살전 1:5-6). 이런 대사도인 바울이 놀랍게도 그의 사역을 위해서 데살로니가 교인들에게 기도를 부탁하였습니다.

우리 생각에는 데살로니가 교인들이 바울에게 기도를 부탁해야 마땅할 것 같습니다. 우리는 나보다 나은 사람들로부터 기도 받기를 좋아합니다. 훌륭한 목회자나 중보 기도를 많이 하는 분으로 알려진 분들은 기도 부탁을 많이 받습니다. 만일 바울이 우리나라에 왔다면 그로부터 안수 기도를 받으려고 전국에서 신자들이 몰려왔을 것입니다. 물론 훌륭한 사역자들로부터 기도를 받는 것이 잘못된 것은 아닙니다. 그러나 바울의 기도 부탁에서 우리는 좀 다른 측면에서 교훈을 받아야 합니다.

바울은 데살로니가전서에서도 기도 부탁을 했는데 그 당시 데살로니가 교회는 개척된 지 1년도 되지 않은 때였습니다(살전 5:25). 바울이 어린 교회에 기도 부탁을 한 것은 단순한 겸비가 아니고 하나님의 사역이 어떤 식으로 진행되어야 하는지를 가리키는 중요한 교훈입니다. 물론 바울은 데살로니가 교회보다 규모가 큰 로마 교회나 고린도 교회, 혹은 에베소 교회에도 자신의 복음 사역을 위한 기도 부탁을 했습니다(롬 15:30; 고후 1:11; 엡 6:19).

복음 사역은 교회의 높낮이와 상관없이 모든 교회의 성도들을 포함한 기도로 진행되어야 합니다. 하나님께서는 어린 성도들의 기도도 차별 없이 들어주시기 때문입니다. 그러므로 믿음의 연륜이 짧고 성경을 잘 몰라도 복음을 위해 기도할 수 있습니다. 바울은 복음 전파를 위해서 모든 교인이 동참해야 한다고 믿었습니다. 데살로니가 교회는 아직도 개척 단계에 있었지만, 사도 바울의 기도 부탁을 받았습니다.

그리스도를 믿으면 그날부터 복음 나누기의 대열에 들어선 것입니다. 하나님 나라의 백성이 된 것은 혼자 구원받고 천국 들어가는 것으로 끝나지 않습니다. 하나님께서는 구원받은 신자들의 손발을 통해서 잃어버린 영혼들에 십자가의 복음이 전해지도록 계획하셨습니다. 신자라면 누구나 하나님의 이러한 구원 계획의 뜻에 순종할 책임이 있습니다. 예수 믿고 구원받았다는 것을 자기 위주로만 생각하고 안심하는 것은 다른 사람들은 다 지옥에 가더라도 자기만 천국 가면 된다고 여기는 것과 별로 다르지 않습니다.

바울이 데살로니가 교인들에게 기도를 부탁한 것은 하나님께서 그들의 기도를 기꺼이 들으신다는 것을 전제한 요청이었습니다. 그는 어리고 미성숙한 초신자들의 기도라도 하나님께서 들으시므로 성숙한 사도의 기도 못지않게 응답될 수 있다고 믿었습니다. 또한, 자신이 복음 전파를 위해서 사도의 부름을 받았지만, 일반 신자들이 그를 위해서 기도하지 않으면 자기 힘으로 감당할 수 없음을 알았습니다.

하나님께서는 차별주의를 싫어하십니다. 하나님은 교회의 명성이나 크기나 성도들의 신분에 따라 교회를 차별하시지 않습니다. 데살로니가 교회처럼 작고 어린 교회의 교인들이 대사도인 바울의 신변 보호를 위해서 주께 간구해 달라는 부탁을 받았을 때 얼마나 가슴이 뿌듯했겠습니까! 그런데 주께서 그들의 기도를 들어주셔서 바울을 많은 위험에서 보호하셨다고 생각해 보십시오. 얼마나 큰 사역입니까!

교회가 크든지 작든지, 예수님을 믿은 기간이 길든지 짧든지, 신자라면 누구나 복음의 진보를 위해 주께 기도드릴 수 있습니다. 그런 기도를 주께서 친히 들으시고 응답하신다는 것을 데살로니가 교회가 실증합니다. 이것은 우리의 형편을 차별하시지 않는 주님께 복음의 발전을 위해 기도해야 하겠다는 동기부여를 제공합니다. 초신자라도 대사도의 안전과 복음 전파를 위해서 기도할 수 있었다면, 교회를 늘 다니는 오래된 성도들이 복음의 진보를 위해서 기도하지 않는다면 반성할 일입니다.

데살로니가 교회는 박해와 환난 중에서 중보 기도의 소명을 받았습니다.

바울은 "부당하고 악한 사람들"(2절)이 그의 복음 사역을 막는다고 했습니다. 아마 그는 고린도에서 현재 행하는 그의 선교 사역을 극구 방해하는 유대인들을 염두에 두었을지 모릅니다(행 18:5-17). 그렇다면 바울이 데살로니가 교회에 자신의 신변 보호와 복음의 진전을 위해 기도 부탁을 한 것은 조금 이상하게 들립니다. 왜냐하면 바울이 고린도에서 유대인들의 반대에 부딪혔을 때 하나님께서 환상 가운데 나타나셔서 하신 말씀이 있기 때문입니다.

> "내가 너와 함께 있으매 어떤 사람도 너를 대적하여 해롭
> 게 할 자가 없을 것이니 이는 이 성중에 내 백성이 많음이
> 라 하시더라"(행 18:10).

주님께서 이미 바울의 신변 보호와 복음의 성과가 클 것을 약속하셨는데 왜 바울이 데살로니가 교회에 별도로 기도 부탁을 했을까요? 우리는 여기서 기도에 대한 매우 중요한 진리 하나를 배울 수 있습니다. 하나님께서는 자기 백성은 가만히 앉아 있게 하시고 하나님 편에서 혼자 다 맡아서 모든 일을 이루시지 않습니다. 구원은 전적으로 하나님께서 처음부터 계획하시고 성자와 성령을 통해 성취하십니다(2:13). 그러나 하나님께 의존하는 성도들의 기도를 통해서 복음이 전파되고 복음 사역자가 보호되도록 하는 것이 하나님의 뜻입니다.

하나님께서 다 알아서 해 주신다고 말하고 자기는 아무것도 하지 않는 것은 건전한 믿음이 아닙니다. 하나님의 능력을 믿으면 하나님의 뜻을 따라 기도해야 하고 적극적으로 복음에 참여해

야 합니다. 그래서 바울은 자기를 해칠 자가 아무도 없다는 하나님의 약속을 받았지만, 이것으로 안일하게 지내지 않고 데살로니가 교인들의 적극적인 기도를 요청했습니다. 우리는 하나님의 구원 활동에 이런 식으로 참여해야 합니다.

데살로니가 교회는 비록 작은 무리가 모인 곳이었고 더구나 박해를 받고 있었습니다. 그런데도 하나님께서는 그들에게 사도 바울과 그의 동역자들이 전하는 "주의 말씀"이 빛을 발휘하고 그들의 신변도 대적자들로부터 건짐을 받는 승리가 있도록 기도하라는 높은 비전을 주셨습니다. 대체로 우리는 자신이 힘들면 우선 내 문제에 급급하여 다른 생각을 하지 못합니다. 그저 하나님께서 내 문제를 도와주시고 해결해 달라고만 간구합니다.

그러나 데살로니가 교회는 그들의 어려움을 해결 받지 못한 상태에서 바울로부터 기도 부탁을 받았습니다. 그들은 "박해와 환난 중에서"(살전 1:4) 힘들어할 때 바울을 위해 기도하라는 소명을 받았습니다. 어떻게 보면 바울이 그들의 어려운 형편은 생각하지 않고 자기 문제만 제시하는 듯합니다. 그러나 바울은 먼저 데살로니가 교인들을 위해 늘 하나님께 기도하였습니다(1:3; 2:16-17). 기도는 상호적이어야 합니다. 내가 어렵다고 해서 하나님께서 내게 지워주신 소명을 외면할 수는 없습니다.

데살로니가 교회는 자신들의 어려움에도 불구하고 바울의 기도 부탁을 받았고 하나님의 응답을 체험하였습니다. 이것은 그들에게 큰 힘이 되었을 것입니다. 하나님께서는 때때로 내 문제를 직접적으로 해결해 주시기보다는 간접적인 방법으로 내 문제를 감당할 힘을 얻게 하십니다. 데살로니가 교인들은 바울과 그의 동역자들이 하나님의 보호 하심을 받는 것을 보고 자기들도 능히 주의 보호를 받을 것으로 기대했을 것입니다.

하나님께서는 우리를 그리스도 안에서 지켜 주신다고 약속하셨습니다. 그러나 주님의 약속은 대부분 우리의 기도를 통해서 성취되도록 계획하셨습니다. 하나님께서는 우리의 힘든 문제들을 다 알고 계시지만, 때로는 더욱 큰 문제를 위한 기도의 비전을 주심으로서 우리 자신들의 문제에 함몰되지 않고 하나님의 응답을 받을 수 있는 길을 여십니다. 데살로니가 교인들은 박해와 환난 가운데서 하나님의 일을 위해 기도하라는 소명을 받았을 때, 자신들의 어려운 문제들을 제쳐 놓고 주께 엎드렸습니다. 이것이 그들의 영성의 크기였습니다. 내가 겪는 박해와 환난이 있음에도 불구하고 다른 사람을 위해서 기도할 수 있는 영성이야말로 예수님의 모습을 닮는 경건입니다(참조. 사 53:12).

바울은 두 가지 기도 부탁을 했습니다.

우리는 기도로써 자신의 영성의 높낮이를 드러냅니다. 기도의 내용을 보면 그 사람의 관심과 마음과 목표가 어디에 있는지를 가늠할 수 있습니다. 예로써, 예수님의 주기도문을 생각해 보십시오. 주님의 기도는 산상설교의 삶을 반영합니다. 주기도문은 주님 자신이 하나님의 뜻을 가장 온전하게 행하시면서 올린 기도입니다. 주기도는 주님이 시작하신 하나님 나라가 어떤 것인지를 보여 주면서 제자들이 따를 것을 가르친 기도입니다. 예수님은 하나님의 뜻이 땅에서 이루어지기 위해 십자가의 삶을 사셨습니다. 그리고 그를 따라 새로운 출애굽의 장도에 오른 주의 백성이 하나님의 영광을 위해 어떤 자세로 살아야 하는지를 보여 주셨습니다. 바울의 기도는 그의 서신에서 자주 나옵니다. 그의 기도를 보면 그가 머물고 있던 영적 현주소를 쉽게 찾을 수 있습니다.

바울의 첫 번째 기도 요청은 복음이 널리 전파되는 것이었습니다.

바울의 최대 관심은 복음 전파였습니다. 그는 자신이 유명해지거나 편안하게 살기를 기도한 것이 아니고, 복음의 확산과 성공을 소원했습니다. 바울은 복음의 진보에 전적인 관심을 두었습니다. 우리가 하나님의 일을 위해서 가장 열망해야 하는 일이 있다면 무엇일까요? 교회에 가장 중요한 것이 무엇인지를 생각해 보십시오. 복음입니까? 경영입니까? 우리나라 교회는 기도를 많이 하는 편입니다. 그런데 무엇을 위해서 기도합니까? 복음의 말씀이 최우선입니까? 아니면 말씀은 하나의 순번에 불과한 형식적인 치장입니까? 교회가 교회다워지려면 복음의 말씀 자체가 굳건하게 자리를 확보해야 하고 모든 것이 복음을 중심으로 돌아가야 합니다.

그럼, 실제로 목회자들을 비롯하여 일반 성도에 이르기까지 어느 정도의 시간과 에너지를 복음을 위해 사용하고 있을까요? 1년 내내 성경을 제대로 읽지 않는 성도들도 많고 기도 한 번 간절하게 올리지 않는 신자들도 적지 않습니다. 목회자 자신이 성경을 제대로 공부하지 않고 강단에 올라가서 내용 없는 메시지를 전하는 일도 허다합니다. 일반적으로 말해서, 성경의 기본적인 가르침마저도 제대로 파악하지 못한 신자들이 놀랄 정도로 많습니다. 교회마다 성경 공부 시간이 있음에도 이런 현상이 일어나는 것은 이해하기 힘든 일입니다.

그런데 데살로니가 교회는 정말 달랐습니다. 바울은 데살로니가 교회의 선교를 성공적인 것으로 평가하였습니다. 물론 그가 말하는 성공의 잣대는 현대 교회의 표준과 거리가 먼 것이었습니다. 우리는 데살로니가 교회처럼 교인 수가 적고 사회적으로 천대를 받으며 재정이 약하고 목회자가 없는 교회가 성공했다고 말하지 않습니다. 그러나 바울은 "주의 말씀이 너희 가운데서와 같이 퍼져 나가 영광스럽게"(1절) 되도록 기도해 달라고 부탁했습니다. 바울은 데살로니가 교회를 다른 지역의 선교를 위한 성공 모델로 삼았습니다. 이것은 우리가 명심하고 잘 새겨 보아야 할 점입니다. 교회를 볼 때, 우리 눈에 제일 먼저 들어오는 것이 무엇입니까? 건물이고 교인 수고 헌금 액수고 목회자의 경력 등이 아닙니까? 왜 그런 것들이 제일 먼저 눈에 들어올까요? 관심이 거기에 있기 때문입니다. 그러나 교회의 참 생명은 그런 외형적 가치관의 안경으로는 볼 수 없습니다.

그럼 바울이 데살로니가 교회에서 본 것이 무엇이었습니까? 그는 "주의 말씀"이 그들 안에서 어떻게 받아들여졌고 또 어떤 열매를 맺고 있는지를 보았습니다. 그는 데살로니가 교인들이 성령의 확신으로 복음을 받았고 주변으로 복음을 전파했으며 주님과 바울을 본받는 자가 된 것을 지적하였습니다(살전 1:6-8). 또한, 그들에게는 믿음과 사랑과 인내의 열매가 풍성히 달렸습니다(살후 1:3-4). 이 모든 일이 박해와 환난에도 불구하고 일어나고 있었습니다. 그래서 바울은 주의 말씀이 다른 지역에서도 데살로니가 교회에서처럼 신속히 퍼져 나가기를 원했습니다. 그는 복음이 마치 달리기 선수처럼 빨리 잘 달린 후에 영예의 면류관을 쓰듯이(시 147:15), '영광스럽게' 되도록 기도 부탁을 하였습니다.

데살로니가 교회가 바울의 선교 모델이 된 것은 환난 가운데 있는 그들에게는 큰 격려가 되었을 것입니다. 하나님께서는 바울의 기도 요청을 통해 그들을 인정해 주시고 칭찬하셨습니다. 주님께서 우리가 속한 교회와 우리 자신을 보시고 "너희 가운데서와 같이"(1절) 복음이 전해지기를 원한다고 하신다면 얼마나 좋을까요? 교회는 크든지 작든지 하나님께서 다른 지역의 선교를 위해 모델로 제시될 수 있어야 자랑스러운 교회입니다. 그런데 하나님께서 사용하시는 선교의 모델 교회란 우리 눈에는 보잘것없는 교회였다는 것이 우리가 깊이 생각해 보아야 할 점입니다.

바울의 두 번째 기도 요청은 자신과 동역자들의 신변 보호였습니다.

바울은 데살로니가 교회에 자기와 동역 선교사들을 위한 기도 부탁을 하면서 구체적인 기도 제목을 주었습니다. 그의 기도 제목은 복음의 진보를 적극적으로 방해하는 어둠의 세력이 있음을 드러냅니다. 그는 "부당하고 악한 사람들에게서"(2절) 건짐을 받게 해 달라는 기도 부탁을 했습니다. 이것은 그냥 지나칠 수 없는 말입니다. 우리는 종교의 자유가 보장된 사회에서 살기 때문에 공적인 박해를 받지 않습니다. 예수를 믿는다고 해서 경찰서에 붙잡혀 가거나 재산을 빼앗기지 않습니다.

그러나 복음을 증오하고 방해하는 적대 세력이 있음을 잊어서는 안 됩니다. 바울은 이러한 반대 세력을 "부당하고 악한 사람들"이라고 하였고 그들 뒤에는 "악한 자"(3절)가 있다고 했습니다. "악한 자"는 사탄을 가리킵니다(마 5:37; 6:13; 요 17:15; 엡 6:16; 요일 2:13; 5:18-19).

사탄은 어떤 형태로든지 복음의 진보가 성공하지 못하도록 갖은 수법을 다 동원합니다. 그는 복음을 믿지 않는 악인들을 사용하여 때로는 물리적인 박해를 가하고 때로는 거짓 교사들을 통해 사이비 복음을 전파하며 혹은 사람들의 마음을 혼미하게 하여 복음의 진리를 못 보게 합니다(고전 4:3-4).

우리는 사탄의 존재에 관해서 여러 질문을 가질 수 있습니다. 그러나 성경이 분명하게 말하는 것은 사탄이 실제로 존재하는 인격체며 예수님과 복음에 치를 떤다는 사실입니다. 그는 이 세상에서 악한 사람들을 하수인으로 사용하고 큰 능력을 발휘하여 많은 사람의 삶을 거짓으로 황폐시킵니다. 그래서 주기도문에서도 악한 자에게서 구해 달라는 기도가 나옵니다(마 6:13).

복음은 현실적입니다. 바울은 다메섹 도상에서 부활하신 주님으로부터 선교의 소명을 받았습니다(행 26:16-18). 주님은 그를 통해서 많은 사람을 사탄의 권세에서 해방시켜 하나님의 자녀가 되게 하실 것이라는 계획을 알리셨습니다. 바울은 본 서신을 고린도에서 보냈습니다. 그때에도 하나님께서 환상 가운데 나타나셔서 신변 보호를 약속하셨습니다(행 18:9-10). 그러나 예수님의 환상을 보고 선교의 소명과 성공의 약속을 받았다고 해서 사탄의 위험을 무시하거나 신변 보호를 위해 기도하지 않아도 된다는 의미는 아닙니다. 또한, 하나님으로부터 선교 소명을 받았다고 해서 가는 곳마다 부흥이 일어난다는 보장도 없습니다.

바울은 "믿음은 모든 사람의 것이 아니니라"(2절)고 했습니다. 바울은 현실적이었습니다. 바울 자신의 경험에서도 충분히 입증되었듯이, 복음은 누구나 믿지 않습니다. 우리가 열심을 내고 기도를 많이 하고 계속해서 전도하면 결국은 복음에 항복할 것으로 생각한다면, 그것은 비현실적인 낙관입니다. 심지어 예수님이 직접 세상에 오셔서 복음을 전하셨는데도 안 믿는 사람들이 대부분이었습니다. 복음을 믿지 않는 자들은 진리에 관심이 없습니다. 그들은 때가 되면 대부분 복음을 노골적으로 대적합니다.

바울은 하나님께서 신자들의 기도를 통해 사탄의 방해를 막게 하신다는 것을 알았습니다. 그리고 그는 악한 사람들 뒤에 사탄이 있듯이, 복음을 전하는 자들 뒤에는 전능하시고 신실하신 하나님이 계신다는 것도 믿었습니다(3절). 복음이 전해지는 곳에 거짓이 침투하고, 복음 사역자가 활동하는 곳에 악한 자들의 방해가 있습니다. 사탄은 부당하게 주의 일꾼들을 괴롭히며 끌어내리려고 공작합니다. 그러나 우리가 알아야 할 것은 하나님께서는 우리의 기도를 사용하신다는 사실입니다. 하나님은 우리의 기도로써 복음의 진리가 악한 자들의 방해로부터 보호받게 하십니다. 우리는 사탄이 악한 자들을 이용하여 주의 자녀들을 감옥에 넣기도 하고 복음 자체를 희석하기도 하며 복음을 부인하도록 유혹한다는 것을 압니다. 그러나 복음은 지옥의 권세도 이기지 못합니다.

그런데 바울은 평생을 복음 전파에 쏟았지만 결국 사슬에 묶인 채 로마로 끌려갔습니다. 그럼에도 사도행전은 바울이 로마에서 복음을 "거침없이"(행 28:31) 가르쳤다고 증언합니다. 사탄은 복음 전파를 방해하지만, 복음은 끝까지 방해를 극복하고 자신의 할 일을 성취합니다. 복음 뒤에는 십자가로써 세상을 구원하시려는 하나님의 주권적인 계획이 진행되고 있기 때문입니다.

그렇다면, 우리가 스스로 던져야 할 질문이 있습니다. 나는 복음의 진보와 복음 사역자들의 보호를 위해서 간곡한 기도를 올리고 있습니까? 복음 사역은 모든 신자가 함께 참여하는 일입니다. 실제로 나가서 복음 전도를 하든지 않든지 신자들은 다 같이 하나님 나라를 세우기 위해 부름을 받은 역군들입니다. 그래서 우리의 기도는 하나님의 이름과 나라와 뜻이 우선이라야 합니다. 바울은 먼저 복음의 확산을 위해 기도 부탁을 하였습니다. 우리 마음을 지배하는 것은 언제나 주님의 복음이어야 합니다. 구원을 받았다고 하면서 복음을 최우선으로 여기지 않고 항상 나 잘되게 해달라는 신상 축복에만 관심을 둔다면, 언제 주님을 위해서 살

수 있단 말입니까? 우리의 영적 관심과 하나님 나라에 대한 눈높이를 올려야 하겠습니다.

바울은 먼저 복음의 발전을 위해서 기도 부탁을 하였고, 그다음 자신의 신상을 위한 기도 요청을 하였습니다. 그런데 개인 신상에 대한 바울의 기도 요청마저도 복음의 발전을 위한 것과 직결되었습니다. 악한 자들로부터 보호를 받으려는 것은 무엇보다도 복음 사역에 지장이 가지 않기 위한 것이었습니다. 바울은 복음을 위해서라면, 자신의 권리도 포기하였고 복음에 손해가 되지 않도록 모든 것을 참았습니다.

"그러나 우리가 이 권리를 쓰지 아니하고 범사에 참는 것은 그리스도의 복음에 아무 장애가 없게 하려 함이로다"
(고전 9:12).

우리가 복음에 따라 살려고 하면 여러 가지 불편한 일을 겪습니다. 때로는 오해도 받고 무시도 당합니다. 수입이 떨어지는 것도 각오해야 하고 나의 권리도 포기해야 할 때가 있습니다. 그럴 때 우리는 바울의 정신으로 돌아가야 합니다. 복음을 위해서 화가 나도 참고 손해를 당해도 견뎌야 합니다. 바울이 "범사에 참는 것"은 오직 복음의 진보를 위한 것이었습니다. 이런 자세가 복음에 헌신 된 모습입니다. 우리는 복음에 대해서 너무 소극적이지 않습니까? 교회 행사 때에만 헌신하고 교회 안에서만 적극적이다가 교회 밖으로 나가면 너그럽지 못하고 인색하며 욕심을 부리지 않습니까? 조금이라도 손해를 볼까 봐 양보하지 못하고 작은 손실에 화를 내며 자기가 잘 돼야 하나님의 일도 잘된다고 착각하지는 않습니까? 혹시라도 거짓으로 돈을 벌고 불의에 참여하면서 하나님을 잘 섬기기 위한 것이라고 정당화하지는 않습니까?

16세기 스페인이 미개척지를 다니면서 내건 슬로건은 '하나님의 영광'이었습니다. 콜럼버스를 비롯하여 많은 개척자가 새로 발견한 땅에 가서 원주민들을 대량으로 학살하고 엄청난 금을 수탈하였습니다. 그들은 원주민들을 강제로 개종시키고 복음을 받지 않는 자들을 무자비하게 처형하였습니다. 그들이 빼앗은 금은 본국의 성당 장식과 왕궁의 사치에 사용되었습니다. 이러한 목적을 위해 콜럼버스는 자기가 금을 더 찾을 수 있도록 하나님께서 인도해 달라고 기도하였습니다. 복음을 잘못 배우면 큰 죄를 짓습니다. 슬픈 것은 착취와 부정과 불의의 소득으로 하나님께 바치고서 이것을 잘한 일로 여기는 것입니다.

바울은 정반대로 살았습니다. 자기 것을 내어주었고, 받을 수 있는 것까지 양보하였습니다. 그는 사랑과 진실로 하나님을 섬겼습니다. 그는 환난 중에서 위로하시는 하나님을 믿었습니다(고후 1:4). 신자는 이 세상에서 손해 보면서 사는 법을 배워야 합니다. 당하면서 인내하는 것도 배워야 하고, 역경 속에서 복음의 진리가 반드시 성공할 것을 확신하며 굳건하게 서 있는 법도 익혀야 합니다. 그러기 위해서는 오직 복음의 유익을 위해서 모든 것을 배설물로 여기는 투철한 복음 정신이 배어 있어야 합니다. 그렇게 사는 삶이 승리의 삶이며 주님의 발자취를 따르는 선한 일생입니다.

바울은 하나님의 신실하심을 굳게 믿고 기도하였습니다.

"주는 미쁘사 너희를 굳건하게 하시고 악한 자에게서 지
키시리라 너희에 대하여는 우리가 명한 것을 너희가 행하
고 또 행할 줄을 우리가 주 안에서 확신하노니"(3:3).

바울은 앞에서도 데살로니가 교인들의 굳건한 신앙생활을 위
해 기도했습니다(2:15, 17). 악한 자들은 재림에 대한 그릇된 가르
침으로 성도들을 당황하게 하고, 바울의 권위를 위장하여 그들을
오도하려고 시도했습니다(2:2, 15, 17). 그래서 바울은 "쉽게 마음
이 흔들리거나 두려워하거나 하지 말아야 할 것이라"(2:2)고 권고
했습니다. 바울은 데살로니가 교회가 흔들리지 않으려면 사도들
의 전통을 지켜야 한다고 가르쳤습니다. 그리고 계속해서 굳건한
자세로 선한 삶을 살도록 기도했습니다.

이제 바울은 복음의 진전과 자신의 신변 보호를 위한 기도 부
탁을 한 후에, 데살로니가 교회를 위한 자신의 기도를 덧붙입니
다. 그는 먼저 하나님께서 신실하시다는 것을 전제하였습니다.
하나님은 흔들리시는 분이 아닙니다. 자기 아들의 피로써 언약을
맺은 백성에게 거짓말을 하시거나 마음을 바꾸시지 않습니다. 하
나님의 신실하심은 성경의 한결같은 주제입니다(삼상 3:19; 렘 1:12;
사 55:11).

바울이 데살로니가 교회가 어려움을 헤치고 굳건하게 믿음 생
활을 할 것을 어떻게 알고 기대했겠습니까? 자신의 믿음이나 주

관적인 확신에 근거한 것일까요? 그렇지 않습니다. 바울은 하나님의 신실하심을 성경 말씀의 증거와 데살로니가 교회가 보인 여러 가지 열매들에서 넉넉히 확인할 수 있었기에 그들에 대해서 낙관하였습니다.

우리가 능력 있는 기도를 하려면 먼저 하나님께서 자기 백성에게 신실하시다는 사실을 믿어야 합니다. 그냥 느낌으로 드는 확신이 아니고, 성경에 근거한 하나님의 신실하심을 신뢰하는 것이어야 합니다. 바울은 자신의 삶 속에서도 하나님의 신실하심을 수없이 확인할 수 있었습니다. 하나님의 신실하신 품성은 이스라엘의 역사에서도 줄기차게 증명되었습니다. 이스라엘은 하나님께 신실하지 않았습니다. 그러나 하나님께서는 끝까지 그들에게 신실하셨습니다. 가장 큰 증거는 이스라엘이 배도와 우상 숭배에도 불구하고 하나님께서 그들에게 약속하신 메시아를 보내신 것입니다. 예수님이 세상에 오셨을 때 이스라엘은 로마의 속박 아래 있었고 다윗의 왕위는 사라진 지 오래되었습니다. 그런데도 하나님께서는 예수님을 다윗의 후손으로 세상에 태어나게 하셨습니다. 이 같은 하나님의 신실하심을 기억하면 강하고 담대한 마음으로 주께 기도할 힘을 얻습니다.

우리는 하나님께서 신실하시다는 말을 예사로 들어서는 안 됩니다. 하나님의 신실하심은 전적으로 신뢰할 수 있습니다. 우리는 자신의 삶이 힘들어지면 하나님의 신실하심을 기대했다가도 금방 놓쳐 버립니다. 그래서 바울은 데살로니가 교인들에게 "주께서 너희 마음을 인도하여 하나님의 사랑과 그리스도의 인내에 들어가게 하시기를 원하노라"(3:5)고 기도했습니다. 하나님의 신실하심을 끝까지 소망하려면 "하나님의 사랑과 그리스도의 인내"를 믿어야 합니다.

주님께서 제자들을 어떻게 대하셨습니까? 열두 제자들은 갈수록 주님의 뜻을 깨닫지 못하고 전혀 협력하지 않았습니다. 겉으로는 죽는 데까지 따라가겠다고 장담했지만, 십자가의 길에서 번번이 넘어지고 끝까지 예수님을 실망시켰습니다. 그들은 예수님이 부활하실 것이라는 약속을 흘려들었고, 예수님의 십자가 길을 막았으며, 겟세마네 동산에서 잠들었습니다. 그리고 주님이 십자가로 가셨을 때 모두 배신하였습니다.

그런데 주님께서 그들을 어떻게 대하셨습니까? 주님은 "자기 사람들을 사랑하시되 끝까지 사랑"(요 13:1)하셨습니다. 이것이 주님의 사랑의 인내입니다. 주님은 부활하신 이후에도 제자들을 계속 사랑하셨습니다. 주님은 배신한 제자들에게 찾아오셨습니다. 주님은 그들에게 저주와 복수를 하신 것이 아니고 평강을 기원하셨습니다(요 20:19, 21, 26). 제자들은 자신들의 믿음으로 회복된 것이 아니고 예수님의 이 같은 신실하신 사랑과 인내로 새롭게 되었습니다. 이러한 주님의 신실하심을 우리가 신뢰한다면, 악한 자들의 유혹과 공격에서 능히 굳건해질 수 있습니다. 우리는 때때로 거짓과 역경의 거친 광풍이 불어올 때 흔들리기도 하고 두려워하기도 합니다. 그러나 주님의 신실하심과 불절의 사랑과 포기하지 않는 인내는 우리의 실패와 좌절과 두려움을 넘어 꾸준히 다가옵니다.

바울은 하나님께서 신실하시므로 데살로니가 교인들이 외부의 고난과 거짓 가르침의 유혹에도 불구하고 굳건히 설 수 있다고 확신했습니다. 이것은 자신의 믿음을 믿는 것이 아니고, 주님의 신실하심에 소망을 거는 것입니다. 하나님께서는 우리가 이처럼 "주 안에서 확신"(4절) 하는 것을 기뻐하시고 악한 자로부터 기꺼이 보호해 주십니다. 이런 체험이 늘어갈 때 우리의 신앙도 자라고 그리스도 안에서 굳건해져서 흔들리지 않습니다.

끝으로 한 가지 자문해 볼 것이 있습니다. 바울은 데살로니가 교인들에게 자기와 동역자들을 위해서 기도 부탁을 했습니다. 그러나 자기도 데살로니가 교회를 위해서 꾸준히 기도했습니다. 비교적 짧은 서신인데도 바울은 얼마나 자주 그들을 위해 기도했는지 모릅니다. 다음 구절들을 살펴보십시오. 데살로니가전서 1:2-3; 3:10; 3:9-13; 5:17, 23-25; 데살로니가후서 1:16-17; 3:3-5, 16, 18.

바울은 대사도였지만 자신의 능력이나 권위에 의존하지 않았습니다. 이것은 현대 교회와 매우 다른 점입니다. 대체로 현대 교회는 목회자의 카리스마와 각종 교회 성장 프로그램과 헌금에 의존합니다. 그러나 바울은 그런 식으로 교회를 부흥시킨 적이 없습니다. 그는 모든 인간적인 방법론을 내려놓고 오로지 하나님께 의존하였습니다. 이것이 그가 그처럼 많은 기도를 드린 원인입니다. 우리는 대체로 기도의 중요성을 인정합니다. 그러나 모든 성도가 실제로 하나님만 의존하는 자세로 기도하지는 않습니다.

일반적으로 기도를 믿는다고 하면서도, 기도에 사용하는 시간은 솔직히 짧은 편입니다. 또 기도에 의존해야 한다는 것을 아는 신자들 가운데 기도 부탁을 하기를 좋아하는 분들도 있습니다. 그런데 다른 사람에게 기도 부탁은 잘하면서 본인은 다른 사람을 위해서 기도하지 않을 수 있습니다. 성도들 사이의 기도는 상호적인 나눔이어야 합니다. 나는 다른 성도들을 위해서 기도하지 않으면서, 그들의 기도만 받기를 좋아한다면 교회가 기도의 공동체로 굳건해질 수 없습니다.

바울과 데살로니가 교회는 박해를 받고 있었습니다. 자기 발등에 떨어진 불똥을 끄기도 바쁜데 다른 사람 문제를 위해서 어떻게 기도할 여유가 있겠느냐고 물을지 모릅니다. 우리는 복음을 바르게 배워서 그런 그릇된 생각을 떨쳐 버려야 합니다. 바울과 데살로니가 성도들은 자신들의 문제에 파묻혀 다른 사람들은 전혀 안중에도 없는 영적 불모지가 아니었습니다. 우리는 어려움에 부닥쳐 있으면 다른 사람을 격려하거나 위로하는 것은 엄두도 못 냅니다. 그러나 바울과 데살로니가 교인들은 달랐습니다. 그들은 자신들의 어려움이 해결되지도 않은 상태에서 서로를 위해 기도해 주었습니다.

그 비결이 무엇일까요? 하나님의 신실하심을 믿은 것입니다. 주님의 신실하심을 믿는 자들에게는 주께서 "마음을 인도"(5절)하여 하나님의 사랑과 그리스도의 인내로 들어가게 하십니다. 바울은 이미 사랑과 믿음과 소망이 풍성한 데살로니가 교회가 하나님의 사랑과 그리스도의 인내를 더욱 체험하도록 기도하였습니다.

이것은 무엇을 의미합니까? 주님이 주시는 구원의 체험은 우리가 사는 이 죄 많은 세상에서도 더욱더 자라고 더욱더 풍성할 수 있다는 것입니다. 이것이 주 예수께서 우리에게 주시는 영생의 삶입니다. 데살로니가 교인들은 박해 속에서도 하나님의 사랑을 더 충만하게 체험할 수 있었고 주님의 재림을 인내하며 기다릴 수 있었습니다. 그들은 시련 속에서 살았지만, 복음이 주는 참 생명의 복을 누렸습니다.

우리는 어려움에 사로잡히면 마음이 가려져서 보다 큰 하나님의 일을 생각할 겨를이 없습니다. 그래서 하나님의 사랑과 예수님의 인내가 무엇인지를 모른 채 이 땅에서 누려야 할 구원의 축복들을 놓치고 삽니다. 그렇게 되면 예수를 믿어도 기쁨이 없고 나날을 탄식과 무기력 속에서 지냅니다. 만약 우리에게 데살로니가 교회가 누린 축복이 없다면 어떻게 기도해야 하겠습니까? 바울의 기도를 나 자신에게 적용하고 마음에서 우러나오는 아멘으로 응답해야 합니다. 그리고 하나님께서 나의 마음을 인도하시는 분임을 신뢰하고 그분께 복음을 위한 나의 필요를 간절히 구해야 할 것입니다.

> "주께서 너희 마음을 인도하여 하나님의 사랑과 그리스도의 인내에 들어가게 하시기를 원하노라" (살후 3:5).

12장
무책임한 교인들
데살로니가후서 3:6-18

"형제들아 우리 주 예수 그리스도의 이름으로 너희를 명
하노니 게으르게 행하고 우리에게서 받은 전통대로 행하
지 아니하는 모든 형제에게서 떠나라"(3:6).

바울은 이제 본 서신을 마치기 전에 데살로니가 교회의 실제
적인 문제를 다룹니다. 이 문제는 예수님의 재림 교리와 관계된
것으로서 일부 성도들이 일하지 않으려는 것이었습니다. 이들은
바울이 데살로니가 교회를 개척할 당시부터 있었던 사람들이었
습니다(살후 3:10). 그래서 바울은 그때 이미 이들에게 "조용히 자
기 일을 하고 너희 손으로 일하기를 힘쓰라"(살전 4:11)고 명하였
습니다. 그런데 바울이 게으르고 말썽만 일으키는 자들에 대해서
다시 강한 어조로 일하기 싫으면 먹지도 말라고 한 것을 보면 그
들은 계속해서 바울의 말을 듣지 않았음이 분명합니다(살후 3:10).
　이것은 다소 놀라운 일입니다. 사도 바울이 직접 세웠고 또 가

르쳤으며 계속해서 서신으로 권면했음에도 말을 듣지 않는 자들이 있었습니다. 바울이 항상 성령에 충만하였고 예수님의 계시로 받은 말씀을 사도의 권위로 가르치며 명령한 것을 누가 감히 거역할 수 있단 말입니까? 그런데 또 이상한 것은 데살로니가 교회는 박해를 받고 있었음에도 이런 말썽꾸러기들이 남아 있었다는 사실입니다. 이들은 박해 상황이었지만, 일하지 않고도 남의 수고로 먹고살 수 있었으므로 교회에 붙어 있는 것이 유익이라고 생각했을지 모릅니다.

지상의 교회는 아직은 완전하지 않습니다.

'옥에 티'라는 말이 있습니다. 교회는 완전하신 하나님께서 완전한 희생으로 이루어 내신 주님의 지체입니다. 그러나 교회는 아직도 구원의 완성을 기다리는 중입니다. 죄와 부패로 죽었던 자들이 주 예수 그리스도의 은혜로 살아나서 하나님의 자녀들이 되었지만, 주님의 모습으로 변화되는 과정을 거쳐야만 온전한 주님의 지체가 됩니다. 우리가 이러한 구원의 진행을 이해하면 교회가 완전하지 않다는 사실에 크게 놀랄 필요는 없습니다.

또 한 가지 생각할 점은 다 같은 말씀을 들어도 삶의 변화에는 사람에 따라 차이가 있다는 사실입니다. 데살로니가 교인들은 바울이 전한 복음을 함께 들었을 텐데도 그들 중에는 도무지 일하지 않고 다른 성도들에게 폐만 끼치며 말썽을 부리는 미운 신자들이 있었습니다. 어느 교회에든지 눈살을 찌푸리게 하는 사람들이 있기 마련입니다.

그러나 완전한 교회가 세상에 없다는 사실이 불완전한 상태에 대한 핑계가 되어서는 안 됩니다. 교회는 반드시 고쳐 나가야 합니다. 잘못을 바로잡아야 하고 더욱 적극적으로 성경의 가르침에 따라 살아야 하며 각자의 삶에서 변화와 향상이 일어나야 합니다. 교회나 개별 성도의 목표는 예수님의 완전한 품성에 이르는 것이기 때문입니다.

완전한 교회가 어디 있느냐는 말 한마디로 부족한 점에 대한 자성의 요구와 변화의 필요성을 무시해버리려는 것은 패배자의 변명입니다. 교회는 주님의 가르침과 성령의 능력으로 완전을 향해 전진해야 합니다. 완전한 교회는 물론 없습니다. 그러나 교회는 점도 없고 흠도 없는 주님의 신부가 되라는 소명을 받았습니다. 지상에서 우리는 절대적인 의미에서의 흠 없는 완전에는 이를 수 없습니다. 그러나 하나님께서 기뻐하시고 격려하시는 수준의 온전에는 이를 수 있어야 합니다. 이 소명을 외면하는 교회는 주님을 향해 달리는 교회가 아닙니다. 바울은 데살로니가 교회를 흠이 없는 이상적인 교회로 미화하지 않았습니다. 절대적인 의미에서의 완전한 교회는 없습니다. 그럴지라도 완전을 향한 진솔한 몸짓은 있어야 합니다.

바울은 데살로니가 교회를 비관적으로 보지 않았습니다.

일반적으로 말해서, 교회에 어떤 문제가 생기면 조용히 해결되는 경우가 그리 많지 않습니다. 교회가 갈라지거나 목회자나 교인들이 나가기도 합니다. 그러는 과정에서 많은 성도가 큰 상처를 주고받습니다. 더구나 교회의 나쁜 소문이 퍼져서 사회의 손가락질이 되기도 합니다. 그런데 우리가 데살로니가 교회의 문제를 바울과 교인들이 어떻게 처리했는지를 배운다면 좋은 참고가 될 것입니다.

우선 데살로니가 교회의 문제가 무엇이었는지를 살펴봅니다. 첫째, 그들에게는 예수님의 재림 교리에 대한 불균형한 이해로 염려와 흔들림이 있었습니다. 둘째, 소수가 관련되었을 것으로 보이지만, 신자들 사이의 음란과 무위도식(無爲徒食)이라는 윤리적인 문제가 있었습니다(살전 4:5-6; 살후 3:10-11).

데살로니가 교회는 이상적인 교회라는 칭찬과 호평을 받았습니다. 그들은 열심히 전도하였고 사랑과 믿음과 소망이 가득한 교회였습니다. 그런데 속을 더 자세히 들여다보니 옥에 티가 있다는 것이 드러났습니다. 그들 중에는 이방인으로 있을 때의 악습들을 아직도 버리지 않고 성적인 절제를 하지 않거나 다른 사람이 수고한 것으로 배를 채우려는 얌체들도 있었습니다. 이들은 태만하여 일하지 않을 뿐만 아니라, 일을 만들어 교회를 시끄럽게 하는 말썽꾸러기들이었습니다.

현대 교회에서도 이와 유사한 일들이 일어납니다. 그럼 어떤 반응이 나옵니까? 당장 그런 사람들이 어떻게 교인이냐고 비난합니다. 그래서 교회를 나와야 하겠다느니 혹은 당사자들을 쫓아내어야 한다느니 하면서 심한 말들이 오가고 한탄과 넋두리가 그치지 않습니다.

그럼 바울은 어떻게 이런 문제를 처리했을까요? 그는 심각한 문제를 일으킨 장본인들을 당장 제명해야 한다고 음성을 높이지 않았습니다. 그는 자신이 데살로니가 교회를 가는 곳마다 자랑했었는데 이제 자기 체면이 꾸겨지고 권위가 떨어졌다고 그들을 원망하지도 않았습니다. 오히려 그는 데살로니가 교회에 대해서 낙관하였습니다. 그는 "너희에 대하여는 우리가 명한 것을 너희가 행하고 또 행할 줄을 우리가 주 안에서 확신"(3:4)한다고 했습니다. 이러한 확신이 있었으므로 그는 매우 긍정적인 기도를 할 수 있었습니다. 즉, 주께서 그들의 마음을 인도하셔서 하나님의 사랑과 그리스도의 인내로 그릇된 일을 바로잡도록 해 달라고 기도하였습니다(3:5). 이 기도는 바울의 탁월한 통찰과 목회적인 지혜를 드러냅니다. 복음이 성령의 능력으로 전파되고 예수님을 주님으로 영접한 곳에서는 아무리 불미스런 일이 있어도 다시 회복될 수 있습니다.

데살로니가 교회에는 윤리적으로 용납될 수 없는 문제들이 있었습니다. 그러나 바울은 일부 교인들의 부도덕 때문에 교회 전체를 가망이 없다고 보지 않았습니다. 그는 거듭난 신자들이 실족하여도 "하나님의 사랑과 주님의 인내"(3:5)로 회복될 것을 믿었습니다. 미성숙한 교인들은 어디에나 있습니다. 개인적으로 따져 보면, 우리 자신 속에도 바울의 견책을 받고 교회의 징계를 받아야 할 부분들이 적지 않을 것입니다. 나는 맡은 책임에 태만하고, 다른 성도에게 짐이 되며, 잘못된 가르침을 따르며, 세속적인 죄에 빠져 있지는 않습니까? 우리는 이런저런 종류의 세속 먼지를 날마다 마시고 사는지 모릅니다. 그러나 바울은 데살로니가 교회의 그런 부족한 모습 때문에 절망하지 않았습니다.

우리는 교회에 문제가 생기면 대체로 비관적입니다. 그 까닭은 바울처럼 생각하지 않기 때문입니다. 데살로니가 교회는 그릇된 재림 교리로 흔들렸고 음란과 태만의 문제로 교회가 두통을 앓고 있었으며 박해까지 겹쳐 있었습니다. 그런 교회에 무슨 희망이 있겠습니까? 아마 사람들은 데살로니가 교회가 사랑과 믿음과 소망이 넘친다고 하면서 속은 썩었다고 손가락질했을지 모릅니다. 그러나 바울은 그들에게 복음이 확실히 전해진 사실을 알았고 하나님께서 활동하고 계신다는 여러 가지 증거를 볼 수 있었습니다. 그래서 그는 낙심하지 않고 주님의 도움을 구하였습니다. 우리가 이러한 바울의 관점에서 교회 문제를 본다면, 하나님의 도우심으로 회복될 것을 기대하며 간절히 기도하게 될 것입니다.

교회는 사도들의 전통을 지켜야 합니다.

사도들의 전통이란 하나님께 근원을 둔 말씀입니다. 바울은 첫 사도들을 통해서 예수님의 가르침을 교회에 전수한 교훈들을 '전통'이라고 불렀습니다(6절). 그런데 사도들의 전통은 교회가 여러 세대를 지나면서 필요에 따라 추가시킨 '전통적'인 교리나 의식 혹은 관례 같은 것들과 구별되어야 합니다.

　예를 들면, 가톨릭에서 말하는 마리아 무죄설이나 연옥설과 같은 것들입니다. 혹은 우리나라 개신교에서 과거에 신자들에게 술 담배를 금하게 한 것이라든지 율법적인 십일조나 주일 성수와 같은 인위적인 규칙 등입니다. 이런 것은 하나님께서 주신 계시가 아니므로 지키지 않아도 죄가 되지 않습니다(참조. 막 7:1-23). 그러나 사도들의 전통은 지키지 않으면 하나님의 말씀을 순종하지 않는 것이므로 죄가 됩니다. 데살로니가 교회에 준 사도 바울의 가르침은 사사로운 개인의 주장이나 이론이 아니고 예수 그리스도의 권위로 준 것입니다. 그래서 순종하지 않는 자들은 정죄를 받았습니다(참조. 살전 2:13; 고전 7:10-11; 11:23). 이런 이유에서 신자들은 "사도들과 선지자들의 터 위에 세우심을 입은 자"(엡 2:20)라고 했습니다.

　우리는 관습으로 내려오는 교회 전통을 지키면서 사도들이 계시로 받은 전통을 지키는 것처럼 착각할 수 있습니다. 인간의 전통은 관습이 되면 보이지 않는 구속력을 갖습니다. 교회에서 별다른 설명이 없이 그냥 해야 한다고 하기 때문에 따라서 하는 것들이 적지 않습니다. 이것들은 일종의 규칙처럼 굳어져서 하지 않으면 마치 죄를 짓는 듯한 느낌을 줍니다. 그러나 신자들은 일체의 인간적인 전통에서 벗어나야 합니다. 신자들의 믿음 생활은 진리의 말씀으로 전달된 사도들의 가르침에 따라서 이루어져야지 교회 전통으로 내려오는 것들을 답습하는 것이 되어서는 안 됩니다. 이것은 우리가 사도들의 가르침을 잘 익히고 깨달아서 무엇이 인간적인 전통이고, 무엇이 신약 교회의 터가 되는지를 분별해야 한다는 것을 의미합니다.

징계는 어떻게 해야 할까요?

징계의 목적은 회복입니다. 바울은 일하지 않고 무책임하게 다른 사람에게 기생해서 사는 자들을 엄히 꾸짖었습니다. 그는 일하기 싫으면 먹어서도 안 된다고 했습니다(3:10). 그들은 아마 재림이 임박하다면 일은 해서 무엇하느냐고 생각했을지 모릅니다. 그러나 그들은 바울이 처음에 데살로니가 교회를 개척할 때부터 게으른 자들이었고 말썽꾸러기들이었습니다(살전 4:11; 5:14). 이들은 원래부터 게을렀던 사람들이었습니다. 예수님의 재림은 일하기 싫은 그들의 나태한 습관을 정당화하는 구실을 제공해 주었습니다. 바울은 복음을 이런 식으로 이용하는 자들에 대해서 엄격하게 다루었습니다. 바울은 자기가 준 전통을 지키지 않는 "모든 형제에게서 떠나라"(6절)고 했습니다.

그런데 우리는 이 말씀의 의미를 액면대로 받아들이지 말아야 합니다. 만일 치과 의사가 환자의 치아가 썩었다고 해서 쑥쑥 다 뽑아 버린다면 어떻게 되겠습니까? 좋은 의사라면 썩은 부분을 때워서라도 제 역할을 하게 할 것입니다. 사도들의 전통을 지키지 않는 자들이라고 해서 모두 제명을 하거나 나뭇가지를 잘라내듯이 숙청을 하는 것이 능사가 아닙니다.

바울의 말을 그런 식으로 받아들이면, 교회는 자기 의를 내세울 수 있는 자들만이 남게 될 것입니다. 사실상 역사적으로 교회가 순결의 이름을 걸고 숙청 작업을 했거나 분열된 경우가 적지 않습니다. 우리 입에서도 걸핏하면 이단이라는 말이 튀어나옵니다. 교회의 순결은 유지되어야 합니다. 그러나 교회는 다른 성도를 내쫓기 위해서 순결의 미명을 내세워서는 안 됩니다. 교회는 질이 나쁜 교인들을 징계해서라도 회복시키는 체험 속에서 자라야 하며 복음의 능력과 하나님의 사랑을 나타내야 합니다.

한편, 교회는 무조건 아무나 받아주는 곳이 되어서는 안 됩니다. 교회는 그리스도의 가르침을 바탕으로 세워진 곳입니다. 따라서 복음의 원칙에 상반되는 행위를 하는 사람은 징계의 대상이 되어야 합니다. 교회가 태만하고 무질서한 자들을 꾸짖지 않는다면, 외부 사람들이 교회를 무질서하고 원칙이 없는 곳으로 볼 것입니다. 교회는 좋은 평판을 유지하도록 힘써야 하기에 사도들의 전통을 항상 삶의 지침으로 삼아야 합니다.

게으름은 사도적 전통과 배치됩니다. 사도들 가운데 앉아서 놀고먹은 사람은 아무도 없었습니다. 바울은 공밥을 먹지 않고 아무에게도 폐를 끼치지 않으려고 자신의 권리까지 포기하고 주야로 일하였습니다(8절). 반면, 데살로니가 교회에는 일하지 않으면서 재림에 대한 어리석은 소문을 퍼뜨리고 불필요한 위기의식을 조장하며 말썽을 일으키는 자들이 있었습니다. 그들은 자기 손으로 일한 양식을 먹지 않고 다른 신자들의 수입에 의존하였습니다. 그러나 교회는 게으르며 무책임한 자들의 피난처가 되어서는 안 됩니다. 바울은 자기와 동료 선교사들을 본받으라고 교훈하였습니다(7-9절). 성경의 노동 윤리는 많은 휴식을 허용합니다. 모세법에는 매주 안식일을 비롯하여 여러 개의 축제가 있지만 게으른 자들은 용인하지 않았습니다.

하나님 자신이 일하시는 분입니다. 예수님은 안식일에 병자를 치유했다고 비난하는 유대인들에게 "아버지께서 이제까지 일하시니 나도 일한다"(요 5:17)고 하셨습니다. 하나님은 창조 사역을 하셨고 지금까지 창조계를 유지하고 계십니다. 그래서 하나님께서는 인간들에게도 일을 주시고 창조 세계의 유지에 참여하게 하십니다. 하나님께서는 우리가 노동을 통해서 자신들의 가치를 의식하고 생존해 나갈 것을 기대하십니다.

인류가 타락하기 이전에도 노동은 중요한 삶의 방식이었습니다. 낙원이라고 하면 아무것도 안 하고 놀고먹는 곳으로 생각하기 쉽습니다. 서양인의 무덤에 가 보면 '그리스도 안에서 안식한다'라는 비문을 볼 수 있습니다. 안식하는 것을 쉬기만 하는 것으로 알면 내세 천국에서 구원받은 성도들에게 아무 할 일이 없다는 뜻이 됩니다. 그렇지 않습니다. 우리는 내세에서도 주님과 함께 세상을 다스리며 많은 일을 하게 될 것입니다. 아담과 하와는 낙원에서 할 일이 있었습니다.

"여호와 하나님이 그 사람을 이끌어 에덴동산에 두어 그것을 경작하며 지키게 하시고"(창 2:15).

낙원에서 아담과 하와는 자신들에게 맡겨진 청지기 일을 감당해야 했습니다. 노동은 그들이 낙원에서 받은 중요한 소명이었습니다. 신자들은 하나님을 위해서 봉사할 뿐만 아니라 이 세상에서 긍정적인 기여를 하고 살아야 합니다. 일자리가 없으면 자원봉사 활동이라도 하는 것이 바람직합니다. 혹은 먹고살 것이 넉넉하다고 해서 놀러만 다니고 기타 유익하지 못한 일로 소일하는 것도 사도들의 전통을 따르지 않는 행위입니다. 교회는 무절제한 생활을 하거나, 태만하여 남에게 짐이 되거나, 일하지 않고 일만 만드는 자들을 징계해야 합니다. 그러나 어떻게 징계해야 하는지는 그리 간단한 문제가 아니므로 지혜가 필요합니다.

바울은 전통대로 행하지 않는 형제에게서 떠나라고 했습니다. 그 의미는 무엇일까요? 바울은 14절에서 이렇게 설명합니다.

> "누가 이 편지에 한 우리 말을 순종하지 아니하거든 그 사람을 지목하여 사귀지 말고 그로 하여금 부끄럽게 하라"(3:14).

바울은 사도들의 전통을 지키지 않는 자들을 '지목하라'고 했습니다. 요(要)주의 인물로 눈여겨보고 주의하라는 말입니다. 그냥 자기 원하는 대로 행하도록 눈감아 두면 안 된다는 것입니다. 오랫동안 가르치고 권면하였음에도 의도적으로 말씀을 순종하지 않는 사람은 내버려 두지 말고 자신의 잘못을 깨닫도록 해야 합니다. 바울은 그 방법의 하나로 사귀지 말라고 했습니다. 즉, 친밀한 교제의 문을 닫으라는 것입니다. 그 목적은 아예 보지 않으려는 것이 아니고 자신의 잘못을 깨닫고 회개하게 하려는 것입니다. 그래서 바울은 곧이어 말하기를 "그러나 원수와 같이 생각하지 말고 형제같이 권면하라"(15절)고 했습니다. 이것은 중요한 명령입니다. 거듭난 신자라도 악습을 쉽게 끊지 못하여 교회에 해를 끼칠 수 있습니다.

그런데 그런 고약한 신자들과 함께 예배를 보고 교제를 하는 것은 큰 부담이 됩니다. 미운 마음이 생기고 무시하게 되면 상대방을 신자로 간주하지 않는 것은 시간문제입니다. 그래서 바울은 원수로 생각하지 말고 형제로 여겨야 한다고 권면하였습니다. 만약 그렇게 하지 않으면 사도의 전통을 따르지 않는 사람이 됩니다. 징계는 바로잡기 위해서 행하는 것이지 원수로 대하고 매장을 시키려는 것이 아닙니다. 징계의 궁극적인 목적은 다시 그리스도 안에서 참된 사랑의 교제를 하는 것입니다. 그래서 당사자가 자신의 행위를 부끄럽게 여기고 회개하면 당연히 용서해야 하고 과거의 허물을 잊어야 합니다.

한편, 남의 수입에 의존하던 게으른 사람을 경제적으로 지원하지 않는 것은 무정한 일인 듯합니다. 그러나 현실에 눈을 뜨게 하고 자신의 생계 문제에 책임을 질 줄 아는 사람이 되게 함으로써 교회 공동체의 짐을 덜고 정상적인 사회생활을 하게 하는 것은 징계의 한 유용한 목표입니다. 그러나 이런 조치를 할 때 상대방을 형제로 대하지 않고 원수로 대하면 일종의 보복 행위가 되므로 각자 자신을 살펴야 합니다.

교회 문제는 냉정하게 판단하고 결정해야 합니다. 그러나 교회 문제는 한두 번의 회의나 딱딱한 규정으로 지배되어서는 안 됩니다. 교회는 세상 법정과 다른 곳입니다. 교회 문제는 원칙에 따르더라도 상대방을 형제로 대하는 혈육의 관심과 교제의 회복이라는 참된 사랑의 동기에서 성령의 인도에 따라 처리되어야 합니다. 이것은 물론 말보다 어려운 일입니다. 그래서 지도자들의 깊은 사려와 실제적인 지혜가 요구됩니다. 교회를 어지럽히고 의도적으로 가르침을 듣지 않는 자들은 지도자들이 먼저 은혜롭고 사랑에 찬 자세로 접근해야 합니다. 그래도 안 되면 마지막 수단으로 징계 조치를 고려해야 합니다. 그러나 공개적으로 하지 말고 비밀리에 진행되어야 할 경우도 있습니다.

예수님은 개인들 사이의 문제는 먼저 당사자에게 조용히 찾아가서 잘못을 지적하고 그래도 안 되면 증인들과 함께 가서 말하고 계속해서 듣지 않으면 교회에 알리라고 했습니다(마 18:15-17). 이러한 절차는 상대방을 존중하면서 화해와 용서를 위해 노력할 것을 의미합니다. 조용히 해결할 수 있는 교회 문제를 놓고 흥분하는 것은 옳지 않습니다.

징계의 효과는 보장할 수 없습니다.

징계가 소기의 목적 성취를 할 수 있는지는 교회의 질과 교인들의 수준에 많이 좌우됩니다. 징계한다고 멀리해 버리면 당장 교회를 나가버릴 확률이 높습니다. 물론 어떤 교회는 문제 해결을 위해서 그런 교인들이 제 발로 걸어나가기를 바랍니다. 또한, 나가는 교인의 입장에서 보아도 쉽게 갈 수 있는 다른 교회들이 얼마든지 있기에 징계받는 것을 두려워하지 않습니다. 과거에는 우리나라 교회에 이명증서라는 제도가 있었습니다. 본 교회에서 떼어 주는 것인데 떠나는 교인에 대한 일종의 허락서입니다. 이것은 신자들이 함부로 교회를 옮기는 것을 억제하고 교회끼리 교인의 이동에 대한 오해를 막기 위한 것이었지만 제대로 시행되지 못하였습니다. 지금은 그런 것을 떼어 오라고 하기보다는 누구든지 자기 교회에 들어오는 것을 환영합니다. 이런 상황에서는 징계의 효과는 기대하기 힘듭니다. 그러나 초대교회에서는 이리저리 마음대로 옮겨 다닐 수 있는 교회들이 많지 않았고 교회를 떠나면 영적 보호를 받지 못하기 때문에 매우 위험한 일로 여겼습니다. 그럼 어떻게 해야 징계의 효과를 기대할 수 있을까요?

몇 가지 제안을 한다면, 무엇보다도 교회가 올바른 복음을 전하고 사랑이 넘치는 곳이 되게 해야 합니다. 그래야 징계를 당해도 자신이 회개하면 교인들이 너그럽게 용서해 주고 따뜻한 사랑의 교제 속으로 다시 받아준다는 것을 알므로 쉽게 교회를 나가 버리지 않을 것입니다. 그러나 교회가 사교 단체처럼 형식적으로 모이거나 말씀의 능력으로 심령을 갱신하는 능력이 없는 곳이라면 그런 교회에서 쫓겨나도 전혀 아쉬워하지 않을 것입니다.

교회 문제를 처리하는 데 필요한 또 하나의 요건은 문제를 지혜롭게 처리할 수 있는 성숙한 지도자들이 있어야 합니다. 성경도 잘 모르고 기도 생활도 제대로 하지 않고 성령의 인도에 민감

하지 못한 자들이 지도자의 직책을 맡은 교회에서는 교회 문제를 원만하게 해결할 수 없습니다. 그래서 징계 조치를 한다고 해도 오히려 역효과가 납니다. 특히 목회자는 경험과 지혜가 있어야 하고 하나님의 말씀을 바르게 적용하는 영적 능력이 갖추어져 있어야 합니다.

한편, 교회 문제는 교인 전체의 결정과 협력에 따라야 할 경우도 있습니다(14절). 이 경우에도 교인들의 성숙한 판단이 없으면 분열의 위험이 생깁니다. 결국, 가장 중요한 것은 교회가 복음의 진리로 항상 자라는 것입니다. 교회가 정말 복음을 잘 가르치고 그리스도의 사랑으로 넘치며 하나님의 임재를 체험할 수 있는 곳이라면 누구든지 영적 보금자리로 여길 것입니다. 그래서 자신이 다니는 교회가 자신의 삶에 없어서는 안 될 곳으로 여겨질 정도가 되면, 징계를 받아도 반발을 하거나 교회를 떠나지 않고 믿음의 공동체에 머물려고 할 것입니다. 데살로니가 교회의 게으른 자들은 자기들의 교회가 사랑과 믿음이 넘치고 하나님의 말씀으로 신실하게 양육되는 곳이라는 것을 알았습니다. 우리가 속한 교회도 이러한 수준이라면 징계 문제로 크게 고민하지 않게 될 것입니다.

징계하기 전에 우리는 몇 가지 명심할 것이 있습니다.

첫째, 극단을 피해야 합니다. 교회는 심각한 문제를 일으킨 신자에 대해서 거의 무관심에 가까운 미온적인 접근을 하거나 혹은 지나치게 가혹한 처리를 해서는 안 됩니다. 이러한 극단은 징계의 목표인 갱신과 회복의 효과를 낼 수 없습니다. 우리가 섬기는 주님은 "자비롭고 은혜롭고 노하기를 더디하고 인자와 진실이 많은 하나님"(출 34:6)이십니다. 징계에는 모든 다른 일에서처럼 하나님의 성품이 반영되어야 하며 죄인에 대한 긍휼과 사랑의 관심이 앞서야 합니다. 감정적으로 대하거나 균형을 잃는 극단은 어떤 경우에도 피해야 합니다. 그렇지 않으면 우리가 주님의 심판대에 서게 될 때 부끄러움을 당할 것입니다.

둘째, 징계의 대상도 주 예수 그리스도의 속죄를 받은 형제자매라는 사실을 잊지 말아야 합니다. 우리는 나에게 해를 끼친 신자라도 회개하면 너그럽게 용서하고 그리스도의 지체로서 교제할 준비가 되어 있어야 합니다. 교회가 징계의 한 방법으로 문제의 당사자를 멀리하거나 어떤 다른 조처를 하는 것은 다시 만나기 위한 것이지 아주 헤어지기 위한 것이 아닙니다. 그러므로 교제의 문은 일시적으로 닫은 것이지 아예 문을 걸어 잠근 것이 되어서는 안 됩니다.

하나님은 죄에 눈이 멀으신 분이 아닙니다. 그러나 주님은 탕자의 아버지처럼 용서와 화해의 가슴으로 돌아오는 탕자를 포옹할 날을 고대하십니다. 우리도 마땅히 그릇된 길로 간 형제의 귀가를 기다리며 환영하기 위해서 잔치를 준비해야 합니다. 주께서는 그런 교회를 축복하셔서 멀고 험한 길로 들어섰던 형제를 돌아오게 하시고 우리와 함께 용서와 화해의 기쁨을 나누기를 원하십니다.

완전하여 전혀 문제가 없는 교회는 없습니다. 그러나 문제가 일어날 때 "하나님의 사랑과 그리스도의 인내"(3:5)로 일을 처리하는 것은 선을 행하는 것입니다. 바울은 "선을 행하다가 낙심하지 말라"(13절)고 격려하였습니다. 교회에 다니면 속 상하는 일도 겪습니다. 보기 싫은 사람도 생기고 같은 교회에 다니고 싶지 않은 사람도 있습니다. 같은 구역에서 부딪치기 싫어서 자리를 옮기고 싶은 경우도 있습니다. 그러나 우리는 항상 선을 행해야 합니다. 사도들의 전통에 복종하며 사는 삶은 때로는 고통스럽습니다. 그러나 낙심하지 말고 꾸준히 선을 행하는 삶이 우리가 모두 가야 할 믿음과 사랑의 길입니다(딛 2:14).

평강을 주시는 하나님

"평강의 주께서 친히 때마다 일마다 너희에게 평강을 주시고 주께서 너희 모든 사람과 함께 하시기를 원하노라… 우리 주 예수 그리스도의 은혜가 너희 무리에게 있을지어다"(3:16).

바울은 자신의 서신에서 늘 평강과 은혜를 기원하였습니다. 여기서도 마찬가지입니다. 그러나 본 서신의 축도는 데살로니가 교회의 문제에 이어서 나오기 때문에 더욱 적절합니다. 그는 주께서 친히 "때마다 일마다" 평강을 주시기를 빌었습니다. 우리의 삶은 절대 순탄하지 않습니다. 더구나 신자로서 살 때 더욱 그렇습니다. 악의 세력이 달려들고 세상의 유혹이 그림자처럼 따라다닙니다. 데살로니가 교인들은 외부적으로는 사회의 냉대와 박해를 받았습니다. 내부적으로는 그릇된 재림 교리로 술렁거렸고 음란한 악습을 가진 자들과 게으른 자들이 항상 말썽을 일으켰습니다. 바울은 그들에게 잘못된 재림 교리를 바로잡아 주었고 도덕적 문제를 해결할 수 있는 징계 조치에 대한 지침도 주었습니다. 그러나 그것만으로 교회가 안정될 수는 없었습니다.

교회에는 신학과 설교와 교제가 있으며 여러 종류의 프로그램과 봉사 활동이 있습니다. 그러나 그 자체로서 평강과 안정을 가져오지는 않습니다. 그것들은 하나님의 은혜가 나타나는 통로입니다. 주께서 우리의 일을 축복해 주시지 않으면 아무런 유익이 없습니다. 우리는 교회가 온전하게 되도록 "내 속에서 능력으로 역사하시는 이의 역사를 따라 힘을 다하여 수고"(골 1:29)해야 합니다. 그러나 열매를 맺게 하는 분은 하나님이십니다. 평강의 주께서 화평을 주시지 않으면 모든 것이 헛수고입니다. 우리의 때와 일에는 반드시 주님이 함께해 주셔야 합니다. 이런 의미에서 바울은 "평강의 주"라는 말로 그의 축도를 시작합니다.

바울은 데살로니가전서에서는 "평강의 하나님"(살전 5:23)이라고 했고, 여기서는 예수님을 가리켜 "평강의 주"라고 했습니다. 구약 선지자들은 메시아를 "평강의 왕"(사 9:6)으로 묘사하였습니다. 예수님은 자신의 십자가 희생으로 유대인과 이방인을 하나님의 동일한 백성으로 연합시켰고 우리 각 신자를 하나님과 바른 관계에 들어가게 하셨습니다(엡 2:14-17).

예수님은 하늘과 땅을 닿게 하시는 분입니다. 주님은 하나님과 인간 사이의 죄의 장벽을 십자가의 대속으로 허물고 거룩하신 하나님께서 구속함을 받은 그리스도의 지체와 화해하게 하십니다. 그리하여 온 우주는 머지않아 새 하늘과 새 땅이 되어 인간 사이의 갈등과 싸움이 사라진 평화의 나라가 될 것입니다. 이것은 하나님의 약속이며 우리의 소망입니다.

영원한 평화는 "평강의 주께서" 선물로 주시는 것입니다. 그런데 이 선물에는 차별이 없습니다. 바울은 "모든 사람"(16절)에게 평강의 주님이 함께하시기를 축원하였습니다. "모든 사람" 속에는 데살로니가 교회의 문제아들도 포함됩니다. 이것이 복음입니다. 우리는 속을 썩이고 미운 짓을 하는 형제자매들에게도 그리스도의 평강을 빌어야 합니다. 교회 연합의 꽃은 이러한 깊은 차원의 참사랑 속에서만 피어납니다.

우리를 그리스도의 온전한 몸으로 화평과 사랑 가운데서 묶어주는 분은 평화의 왕이신 구주 하나님이십니다. 그래서 바울은 주의 임재와 은혜가 모든 성도에게 함께 하기를 기원하였습니다. 주님은 세상 끝날까지 우리와 함께하신다고 약속하셨습니다. 주님은 우리를 떠나시지 않습니다(마 28:20; 히 13:5). 그러나 우리 편에서 주님의 임재를 무시하고 살 수 있습니다. 우리가 주님께 자리를 내어드리고 우리를 다스리게 하지 않으면 주님의 임재는 리얼하지 않습니다. 우리는 믿음으로 하나님과 화평한 관계에 들어갔지만(롬 5:1), 계속해서 참 평안을 누리려면 사도들의 전통을 지키면서 모든 형태의 거짓과 악습으로부터 떠나야 합니다. 그리고

"하나님의 사랑과 그리스도의 인내"(살전 3:5)로 주 예수의 성품을 닮아가야 합니다.

복음은 우리에게 가장 가치 있는 삶을 살 수 있는 목표와 자원을 제공합니다. 우리의 목표는 주 예수를 닮는 거룩한 삶이며, 우리의 자원은 하나님에게서 나옵니다. 우리는 선한 일을 위해 그리스도의 구속을 받았습니다. 신자들은 이 세상의 악한 세력과 맞서 그리스도의 진리와 사랑을 드러내고 형제자매들과 연합하여 복음을 전해야 할 소명을 받았습니다. 하나님께서는 "친히 때마다 일마다"(16절) 우리의 마음을 위로하시며 평강을 주시고 은혜를 내리신다고 약속하셨습니다. 그러므로 역경을 겪거나 죄에 빠져도 우리를 죽음의 정죄에서 구원하신 주 하나님을 신뢰하면 여러 가지 시련을 극복하고 그리스도 안에서 승리할 것입니다.

주께서 다시 오십니다. 영광의 주께서 우리를 모든 불의와 죄악과 고통으로부터 완전히 구출하기 위해 다시 오십니다. 주께서 자신의 신부를 만나기 위해 머지않아 재림하실 것입니다. 그때까지 우리는 어린 양의 혼인 잔치를 위해 준비해야 합니다. 어떻게 준비해야 할까요? 정결하고 아름다운 주님의 신부가 되기 위해 게으르지 말고, 과거의 악습에 젖지 말며, 형제 사이의 연합을 위해 힘써야 합니다. 회개할 죄를 회개하고, 자신이 맡은 책임에 충실하며, 그릇된 가르침을 분별하면서 주님을 사랑하는 삶을 사는 것이 신부가 자신을 준비하는 일입니다.

바울은 데살로니가 교회에 주님의 재림에 대한 영광스러운 계시를 보여 주었습니다(살전 4:13-18; 살후 2:1-12). 주님의 재림이 우리에게 가져올 축복은 말로 다 형언할 수 없습니다. 우리는 주님의 우주적인 영광도 그때 비로소 다 보게 될 것입니다. 그렇다면 우리는 이 어두운 세상에 살면서도 용기를 내며 서로 위로하고(살전 4:18), 모든 불의가 심판을 받을 날을 고대하며, 우리의 환난이 안식으로 갚아질 하나님의 공의를 신뢰하면서 인내와 소망으로 살아야 할 것입니다(살전 4:18; 살후 1:7; 2:12).